人生自是有路癡

—— 趙迺定文論集（一）

趙迺定　著

文　學　叢　刊

文史哲出版社印行

國家圖書館出版品預行編目資料

人生自是有路癡：趙迺定文論集（一）/ 趙
迺定著.-- 初版 -- 臺北市：文史哲,民 101.12
頁；　公分（文學叢刊；276）
ISBN 978-986-314-077-1（平裝）

848.6　　　　　　　　　　　101025878

文　學　叢　刊 ₂₇₆

人生自是有路癡
一 趙迺定文論集（一）

著　　　者：趙　　　　迺　　　　定
出　版　者：文　史　哲　出　版　社
　　　　　　http://www.lapen.com.tw
　　　　　　e-mail：lapen@ms74.hinet.net
登記證字號：行政院新聞局版臺業字五三三七號
發　行　人：彭　　　正　　　雄
發　行　所：文　史　哲　出　版　社
印　刷　者：文　史　哲　出　版　社
　　　　　　臺北市羅斯福路一段七十二巷四號
　　　　　　郵政劃撥帳號：一六一八〇一七五
　　　　　　電話886-2-23511028・傳真886-2-23965656

定價新臺幣二八〇元

一〇一年（2012）十二月初版

人生自是有路癡

── 趙迺定文論集（一）

目　　次

自　序

　　個人從事文學創作，自 1961 年首篇詩作品發表於《自由青年》以來，寫作歷史已歷半個世紀之久，其間對詩、散文、小說、兒童文學及評論等均有所涉入。

　　並於 1975 年結集出版《異種的企求》詩集；而自 2011年以來，則又已陸續出版《鞋底・鞋面》詩集及《南部風情及其他》散文集等二集；而在 2012 年則已結集有《麻雀情及其他》散文集、《森林、節能減碳與土地倫理》詩集、《賞析詩作評論集》、《賞析詩作評論集(第二集)》等四集，以上均屬個人已於報章雜誌發表過的作品之結集。至於其他的作品，則將另行研議歸類處理。

　　本集《人生自是有路癡》，核屬個人文論集作品，內容包括：「人生與我」輯，寫〈人蚊大戰〉、置身 SARS 死亡威脅記的〈曾經死生〉、路癡記的〈人生自是有路癡〉、中風記的〈急驚風遇上慢中風〉及〈風中不殘燭〉二篇，合共五篇，此均爲在人生的旅途裡，個人所面臨的遭遇或作爲或聽聞；「音樂・舞蹈與運動」輯，則寫〈我賺了一個女兒〉及〈葉石濤與音樂素養 ── 葉石濤前輩逝世紀念文〉及〈愛・性與神秘 ── 印度舞與中東肚皮舞〉等三篇。

　　至於「評選雜記」輯則是參與農委會林業試驗所舉辦之

「台北植物園新詩徵選」及「2009 年蓮華池螢火蟲季新詩徵選」及新港文教基金會辦理的 2009 閱讀達人「最愛新港」徵文之評選後記及〈評選後記之我思〉等四篇。

　　此外「土地倫理」輯，則有〈詩人與森林之我思〉、〈天然林・土地倫理與土地倫理詩歌〉及〈『笠』與土地倫理〉等三篇，旨在陳述森林、天然林及土地倫理之重要性，希冀人人能善待自然生態、土地環境、生命永續、環境永續，而能與大自然和諧相處，善待萬有及大自然界，至於「其他」輯，則有〈兼容並蓄〉一篇，敘述不要排拒外來文化的傳入與融入，也就是社會要能多元文化的融入，才能使其經濟力加強，社會福祉強化，文化發展大放光彩。

趙迺定謹誌　　2012.03.29

「人生與我」輯

6 人生自是有路癡

人蚊大戰

在半夜裡，被老婆淒厲的叫聲嚇醒了，也不知道發生了什麼大事的，我莫明其妙的問：「幹嘛？」

「蚊子，蚊子。」老婆心有餘悸的叫著。

「半夜裡叫得那麼悽慘的，人家還以為妳撞見鬼了，拜託，三更半夜的，叫那麼的大聲，叫什麼叫的！何況蚊子那麼的小，怕什麼怕的。」我沒好氣的消遣著她。

「當然囉，你是臭肉，蚊子不敢叮你。你看，上次我們來看房子，蚊子一大堆的叮我、叮小兒子的，就是不叮你。你看我的手臂還有我的足踝……。」老婆邊說邊抬起手腳來，萬分委曲的說著：「癢耶，痛耶。」

我瞄了一眼她手臂上的那四、五個紅豆冰，可憐呀，也不用看她的足踝了，這裡有蚊子是不爭的事實了。說來奇怪的，如果她和我在一起，蚊子準叮她不叮我，就說老婆口中的那個『上次』吧，那個上次的地點也就是這個房子，時間是在其結構體剛完成之時，我、老婆和小兒子等三個人專程來察看其施工的進度。

這房子是位在台北市的舊市區裡，又不是荒郊野外的，本該少點蚊子的，可是由於周遭有很多老舊的空屋子藏污納垢的，結果就孳生了許多的蚊子、老鼠和蟑螂的了。那天到

達時是夜幕低垂，未進門老婆就喊著癢呀有蚊子的，我說哪有；待回家才發現老婆和小兒子的大小腿上滿滿的是一顆顆的紅豆冰，而我真是天賦異稟的毫髮未傷，蚊子不愛叮我，卻被老婆罵我為臭肉，我是很不服氣的。

「噢，我是臭肉，那妳是香肉（狗肉）了。」我消遣她。

老婆依舊一臉的哭相，委曲的很：「而且專叮足踝，痛耶！蚊子為什麼不叮你，對啦，你是臭肉是牛皮，蚊子叮不了你。」

「……昨晚我還看到蚊子在你手臂上爬來爬去的，爬了很久的，還伸伸腿的、搔搔癢的狀極悠閒，就是不叮你。」突然她一臉平和的說。她的情緒一向是來去如風的，說好聽一點的是童心，說難聽一點的是長不大。

又過沒半分鐘的，或許是她看我依舊紋風不動的，她就又板起臉孔沒好氣的命令著我：「還不快打！」

聽到老婆冒火了，既使是慢郎中也要一躍而起的；我關門、開燈，然後循著牆壁四處的盯看。一般來說的，蚊子在驟然而亮起的強光下，常會被嚇呆而一動也不動的；而關門就是為了不要牠飛到別間去。如果此時找到了蚊子，我會兩掌分開，一左一右與牆壁垂直，再慢慢的包抄過去，待到適當的距離，一拍的將之送上西天。我不用單掌直接的拍打下去，因為蚊子是橫飛的，不是垂直的飛，不易打死的，何況既使打死了，也會污染到牆壁，多了一道清潔的手續。

可是今天，那『死』蚊子就是『死』蚊子的，也不知躲到哪去死了，我找了老半天的，仍然找不到牠的蹤影；於是我只得運用第二招：拿毛巾往半空中東抖西甩的甩出一陣陣

的風，驚嚇那隱藏暗處的『死』蚊蟲，讓牠逃竄且累得停駐在牆上，此時也是我「趁蚊之危」的良機了。

而今真是見鬼了，開燈亮光嚇不了牠，甩毛巾也嚇不了牠；在這極需睡眠之時，我卻仍需與小蚊子在戰鬥。更不幸的，我竟是一無所獲的，而此時如果我逕自上床不理會的話，依往常經驗，蚊子仍會如鬼魂附身在我耳際嗡嗡的叫著，屆時我仍要與蚊子搏鬥的。

我努力的克制我的心煩氣躁，一遍又一遍的搜尋著，舉凡牆壁、天花板、衣櫃和五斗櫃都是目標，可是仍然一無所獲的。

「咦，哪是什麼，怎的那麼骯髒？」老婆指著地上斥責著：「你又踩了什麼骯髒的東西進來了。」我老婆最怕骯髒了，對骯髒很敏感，雖然她是近視眼四、五百度的，卻是有一點點的骯髒她都看得到，我稱她是『髒』眼睛，專會看到骯髒的東西。在家，老婆總是不時的東洗西洗的，任何可以放進洗衣機裡的衣物都要天天的洗，而可拆解的電氣用品如電風扇等的，也要經常的清洗。所以衣服要天天換，被單床單則三、五天洗一次，而洗好的碗筷還要用熱水燙過。至於電風扇也要三、兩個月就要清理一次。她愛乾淨，不過卻從不整理歸類，我稱她是『潔而不整』：她總是把衣物隨處丟放床上、桌上、茶几上，對家用品從不收拾整理，她說這樣方便拿。因此她會買了肥皂才發現家裡還有好幾打肥皂未用，買了鞋子才發現她還有七、八雙新鞋沒穿過，然後等客人要光臨了，才如同躲警報的收拾著客廳。

我用衛生紙把哪骯髒東西擦去一瞧：「咦，是血。」

「地板怎會有血，你流血了嗎？」我懷疑著。

我又想了一想：「哈，我知道，是蚊子被踩死了。」

「蚊子怎麼會在地上？」老婆好奇的問著。

「吃太飽了，飛不起來。」我說：「你看血還鮮紅的，剛叮人的；如果是昨天或前天叮人的，血會變污、變黑的。」

剛結婚時，租在板橋公寓，由於老婆說都市人不用蚊帳且當時冷氣機是奢侈品，天熱只能用電風扇；但是既使掛蚊帳也容易被吹開，有蚊帳跟沒蚊帳一樣，所以也就不用蚊帳了。由於五樓高於地面十幾公尺，蚊子直接飛上去幾乎不可能，而從樓梯間半飛半停上去的倒是偶有的，但進到五樓室內則更稀少了，偶而發現個一隻已經是天大的新聞，所以還相安無事。

後來搬到永和，由於五樓房價較便宜，為了省錢也不管每天要上下樓梯多少次的，只得將就買了。

永和地小人稠的，僅剩的空地大致廢耕、雜草叢生的，而隔鄰四樓的人又喜愛在陽台上栽花植草的，而那是蚊蟲孳生的好環境，所以這下子屋裡就常有蚊子來光臨了。以前沒蚊拍時大致是用手去拍打蚊子的，有時蚊子一多或蚊子狡猾的，多拍幾下的連手掌都要拍痛、拍紅了，也因之練就了拍蚊功二招。

第一招是對付空中飛的，我單掌一揮一合的就可將牠握死在掌心中；而這功夫的底子，應追溯到幼年時台灣的衛生條件差，蒼蠅處處飛，你一動牠就飛，但牠的飛速快而又短暫，無法久飛的，等牠一停下來的，我就伸掌置於其旁，一揮一合抓在掌中往地上一摔的再踩死牠。原先我不用此招

的，只因蚊子只有蒼蠅的幾十分之一而已，怕抓不到的，直到看到小兒子信手一伸就將蚊子抓在掌中了，而那時他才國小，此時我才驚醒抓蒼蠅的功夫也可用來對付蚊子。

第二招是對付停留在身上的，我會先放鬆那區域的肌肉，讓蚊子輕易的叮進皮膚裡，等感覺癢時再緊繃我的肌膚，蚊子的尖嘴就被夾住了，想逃都逃不了的了，此時手一拍的就可輕易的拍死牠。

有一天，老婆出示一個拍子，興沖沖的告訴我：「這是偉大的發明，名子叫做『蚊拍』，聽說很好用的，只要壓住按鈕通電，蚊子準被電死的，你看壓住按鈕燈就亮了，那表示有通電的了。」

「電死！」怎麼電法？我狐疑。接過蚊拍我仔細的看了看，它的樣式和一般的羽拍相同的，只是骨幹和把手換成塑膠製品，而尼龍線換成了金屬線，樸拙得一無起眼之處。

「有蚊子，有蚊子，在我裙襬下。」老婆呼叫著，她正在廚房洗碗。

我抓著蚊拍直奔廚房，正看到她在跺腳，而蚊子則和她的小腿保持著相當的距離，垂直的飛著不離去，一如被激怒的虎頭蜂窺伺著仇敵。

望著直上直下的蚊子，我一直掌握不住目標：「妳不要跺腳了，妳一跺腳牠就不敢停下來，我怎麼打？」

「牠會叮人耶，……快呀，打呀。」老婆跺得更利害，氣急敗壞的說。

「可是我抓不準目標，怎打。」

「不管啦，你就打呀。」

　　逼不得已我拿著蚊拍揮了過去，只聽『啪』一聲，同時出現「吱吱」叫和亮光。

　　「打到了！」老婆高興的叫著。

　　「真的嗎？」

　　「不信，你看。」老婆接過蚊拍，指指被卡在金屬網裡的蚊子。

　　「果然是耶。」我說。

　　有蚊拍以後，每發現蚊蹤，如果是停留在牆壁的，我會把蚊拍擺成與牆平行，再將拍子往牆上靠過去，只要看到亮光和聽到「啪」的一聲響，我就知道命中目標了；而如果是飛行的，我就拿拍子往地上揮，如果蚊子不卡在拍子上也會被拍到地面上的，只要再加上壓死的一道手續就可將之解決掉了。

　　看到了亮光，聽到了「啪」聲，就表示命中目標了，其實也不盡然的。有一次，我發現了一隻蚊子，我拿著蚊拍就揮了過去，只聽「啪」的一聲，我以為我已經揮到蚊子了，可是從拍子上面及地上我搜索了良久的就是找不到蚊子，後來又發現蚊蹤，我又一揮的揮過去，接著再找蚊屍，還是找不到，這時我就拿著蚊拍對著空中左揮右揮的，於是「啪」、「啪」之聲不斷的連響著，於是我悟出了，或許是靜電太多、飛塵太多或是有小水氣等所使然的。

　　電氣用品一般有適用電量的限制，適用一○○瓦特者不能傳輸二○○瓦特的電量，交流電不能適用直流電，這我們都知道一些；但在蚊拍上，甚至於使用普通乾電池和使用鹼性乾電池都有差別。

　　話說老婆最早買的蚊拍是巴掌大，後來聽說南部有人賣的拍子大了兩倍，而網孔更細緻，效果更佳，就託人從南部帶來了，果然效果奇佳的。後來沒電了，我就去超市買乾電池，為了環保我買了鹼性電池裝了進去，隔天卻發現蚊拍不再亮了，我原以為蚊拍又沒電了，就將電池換到別的電氣用品上去試用，卻證明乾電池還是好好的，相反的就表示蚊拍壞了。於是託人帶回南部向廠商抱怨的說，買不到幾天就壞了，南部回電說店家檢視後說：「是因為用了鹼性電池才壞掉的。」我的媽呀，連電流都有關係，交直流也有關係，現在又增加使用鹼性電池、非鹼性電池都有關係，這種使用電氣用品可也真是一門學問呀，可是店家卻該提醒卻不提醒的，有無違反消費者權益保護法，其實應該檢討的。

　　蚊子確是小，打個幾十隻是無所謂的，可是如果有幾百隻讓人連續的打或許會嚇得毛骨悚然，我就是。事件發生在台北市，我住的是三樓，剛開始時每天還只發現一、兩隻，以為地處花草樹木多的地方，有蚊蹤也是理所當然。

　　後來增加到每天三、五隻，我又自己找理由說是旁邊在大興土木，破壞自然生態使然的。直到台北市發佈登革熱疫情通報後，我才知道事態嚴重了，一切的現象其來有自的。

　　我照著防範登革熱的方法，先察看屋外的積水容器，其實那些容器只不過是為免澆花後滴水濺到人的幾個不及兩公分高的淺淺的盤子而已。而當我打開紗窗查看時，赫然發現盤中積水處竟有幾十隻孑孓正悠遊在其中，這是數年來所僅見的，我真的很難過，為何天天澆水竟沒發現長了孑孓。

　　我趁樓下沒人的時候就快速的將那盤水倒出，我是存心

要把那些孑孒乾死的。孑孒成長快速，不消幾天工夫就可成蟲的，所以以後要經常的注意積水的容器了，我如此的提醒著自己。

接著我拿著蚊拍到地下室去，當我走進樓梯間時，就發現牆壁上也停了幾隻蚊子，我伸出拍子將之一一的電死。而在未進地下室時，我又發現了數倍的蚊子停駐在牆上，我東拍、西拍的立開殺戒。

只聽「啪」、「啪」的連響，就掉下了好多隻的蚊子；可是有些蚊子沒有被電死，反而一衝的就飛了起來的。我一路的走進地下室，更發現四周牆壁上幾乎停滿了蚊子，剎時我毛骨悚然著的，也顧不得別驚嚇到了蚊子才殺得了蚊子的經驗了，我左揮右揮，又是「啪」、「啪」的連響著，此時死了更多的蚊子了。可是卻有更多的蚊子橫衝直撞的狂飛了起來，牠們衝撞著我的臉、我的耳和我的鼻子，我嚇的把蚊拍一丟的，拔腿就跑了。

我跑去買了一罐「噴效」，也不管我是否會吸入殺蟲劑的，就對著牆壁噴呀噴的，此時更多的蚊子飛了起來，而我還是一直的噴。我要在最短時間讓地下室充滿「噴效」的，我猜如此一來的，蚊子就無所遁形的了。過了一個鐘頭，我又回到地下室。哇，我的媽呀，地下室裡何止幾千隻的蚊屍呀，我何曾見過的呀，我又疙瘩直起了。

而當我把地下室打掃乾淨後，本以為事情已解決了，可是當我看到廢水池鐵皮蓋因年久生銹破裂時，我突然的想起：蚊蟲喜愛在清水裡產卵，搞不好就在池子裡產卵的。

我把鐵皮蓋輕輕的一掀，別說產卵與其幼蟲了，就連成

蟲的蚊子有的都還浮在水面上，而在水裡和池壁上也密密麻麻的有一大堆的孑孓和成蟲了，讓人不寒而慄。難道這不是他們的巢穴嗎?我忍著戰慄的，將「噴效」往裡噴去，直到連我自己都無法忍受藥味。一個鐘頭以後，為防萬一的，我又噴了一次；接著我訂作了新蓋子，並且用塑膠袋將鐵皮和水泥間的縫隙封住了，我要讓蚊子無法飛進廢水池裡去產卵。

　　在這個世界，不光是屬於你我的，蚊子也要佔有一席之地的，所以人與蚊之戰，依舊會延續下去的。

　　　　　　　　　　　（刊台灣時報 2009.01.15-16）

曾經死生

人類對於瘟疫的爆發是無可避免的，人類也僅只是地球生物的一種而已，有其生老病死之極限；而地球也不是人類專屬的。所謂的生物鏈，簡單的說，就是共存共享，而亦是相互的破壞、毀滅；而也經由食物鏈的循環，地球的生態才得以平衡。

如果食物鏈其中的任一個環節，發生了重大的變化，地球的生態也就得不到平衡了。所謂的重大變化，可分為超出需要的驟增及驟減二種情形。驟增會讓其前一個環節發生不足，也讓後一環節大量的繁殖。而驟減則使後一環節產生生存的困難，進而減損其繁殖。生態不管是驟增或驟減的，再經過長期的自動調整，則又慢慢的調整到平衡的地步了。除非前一環節發生重大的減少繁殖，而後一環節又耐不住長期的匱乏，則它將自地球上消失掉，最有名的就是恐龍的毀滅了。

於今地球上有許多的動、植物，已變成稀有而面臨危急存亡的絕種的命運，需要加以特別的保護了，否則它將自地球上消失，永遠不會再回來了，而那將是地球的損失了！

微生物、細菌與病毒，以生物鏈來看，自亦應視為是生物鏈其中的一環，而其最重大的貢獻是用來平衡生態，分解

動植物，甚至於毀滅動植物的個體。

瘟疫肆虐人類

　　而微生物、細菌與病毒對人類的影響，如果案例多了，人就稱其為瘟疫了。以近五十年來看，人類發生的重大瘟疫，係以炭疽熱、依波拉出血熱、漢他出血熱等最為有名的。而這些瘟疫都曾肆虐過人類，造成人類的極大恐慌。

　　但對我個人來說，那些瘟疫都是發生在國外的，對我是比較沒有切身關係的，雖然我仍為這種瘟疫的肆虐人類，為人類之受災受難而感受到同情與憂心不已的。當然其中的炭疽熱，那是可用為生化戰而使用的，也可以用其來進行恐怖攻擊台灣的，所以我對於炭疽熱也不免會多少感受到一些壓力的；因為炭疽熱是藉助人類的飛行器、航行的船隻、信件的傳遞、人與人的接觸等，都可因之而遭致感染的。

　　在台灣，記憶裡曾有讓我恐懼的流行病的流行，大概就屬於肺癆、痲瘋、瘋犬病和日本腦炎等了。那些流行病的漫延開來，其實就是所謂的瘟疫肆虐。幸好上述的流行病，於今都已幾乎不再發生了；然在當時，那也是令人聞之色變的。

　　但在 2003 年的前後，台灣卻發生了 SARS 的疫情。自和平醫院爆發 SARS 的疫情以後，從板橋曹女士的感染 SARS，追蹤到有來自香港淘大社區返台掃墓的曾姓男子，以至於後來的劉姓洗衣工、胡姓男子以及大批的醫護人員、行政人員的相繼發病，而至 2003 年 4 月 24 日的和平醫院的封院等的嚴厲處置，雖然新聞每天圍繞著 SARS 的發展，可是我發現

那些感染者差不多都是直接照顧 SARS 患者的醫護人員，或者曾與 SARS 的患者同處一室者，所以雖然新聞有相繼報導的官方的或偏方的，如何增加免疫力及防止傳染 SARS 的訊息等，我並不很在意。

我所以不在意，主要是幾十年來，我家裡厲行清潔衛生的習慣。衣服要天天換，被單一、兩星期洗一次，門窗地板也要經常的擦；吃燙、煮、蒸的老人餐，鮮少煎、炒、炸的，重飲食均衡，且公筷、母匙。碗筷洗過後，還要用熱水燙一燙的，然後再上烤碗箱去烤，並且鼓勵多運動，不遵行的家人都要挨罵的。

SARS 既然是經由直接接觸到病人的飛沫或體液而傳染的，那就不能隨便的打噴嚏、咳嗽的了，所以我在 SARS 爆發的嚴重時期，還氣定神怡的開了一個玩笑說：「上了捷運，如果你想要有位子坐，咯兩下就好。因為有很多的人，會給你白目並且自動的閃避開。」可沒想到 SARS 竟近在我的咫尺之內！

2003 年 5 月 1 日星期四，中午時分我吃過飯，我就下樓去透氣了。美其名為「透氣」的，其實是下樓去「飯後一根菸，快樂似神仙」。老婆規定我不能在家裡抽菸的，要抽菸就要到巷道沒人的地方去抽。

萬一我趁她不在家時，偷偷的在屋裡抽菸被捉到的話，就會挨罵的：「你想死就自己死，不要讓我們跟著你抽二手菸！肺病耶，抽菸會得肺病耶！你想死自己去死好了，我們可不跟你一起去死！」她的鼻子挺靈的，猶如獵狗一樣的，經常是一點香菸味道都容不得的，可以說是過敏，而我說她

是有病，過度的敏感。

　　打從高一開始的，我就偶而會抽上一、兩根菸的。提起香菸，在那物質生活極度匱乏的時候，校規極度嚴厲的時代，我那麼小小的年紀竟還學抽菸，大慨是交到壞朋友了，認同他們了，搞叛逆加搞時髦的，還自以為是文藝青年所致。

童子軍發表文章

　　我寫的東西變成鉛字的，最早的一篇應推是在初一時，在《童子軍》發表的文章了；而詩則在高一時，於《自由青年》發表的，時為 1961 年，可以說是起步不晚的。而在當時的寫文章的人口裡，對菸酒經常是不分家的，也就是說：菸酒是同福共享的，見者有份。我雖未與他們那些文人相聚會過，然從其文章中的描述，乃認為菸雲裊裊是一種空靈與夢幻，自亦嚮往。

　　其實，如果我是生在反菸風潮瀰漫的今天，或許我就不會學抽菸了。我知道我老婆也是為我的健康著想的，我是該感謝她的，可是我還是沒有戒掉抽菸的習慣。講到戒掉菸癮，有一次我確實戒了一個多月；然卻在上班後，又在別人的慫恿下，輕意的接下了一根香菸。而在那天中午，我就去買了一整包了，所以我的戒功全破了；而從此我也就不再提戒菸的事了。

　　巷子裡很安靜，幾乎沒有人車走動的，我暇意的點上了一根香菸。一輛破舊的腳踏車「嘎」的一聲衝了過來，就停在隔壁的大門口前面。有一位老者右腿一抬下了車，他笑嘻

嘻的對我打趣著說：「你在『居家隔離』嗎？在躲 SARS 嗎？」

我笑著說：「今天是五一，我們也算勞工。」

「你們好，像我們又算勞工又算勞心的，……今天還要去上班。」老者如此的說。

我說：「你當然要忙一點的啦，你是學者呀，又有研究精神，應該多爲人類貢獻心力的！所謂的：有十人之力應服十人之務，有百人之力者應服百人之務！此爲服務精神，也是走上大同世界的墊腳石，這是孫中山先生這麼說的。」老者是老教授，退休後還在醫學院繼續的研究、授課。他搬到這裡已有一年多的時間了，我和他碰頭的機會，大概都是我在吞雲吐霧的時候。他是一位風趣，且童心未泯的老者。

次日下班，我沒去俱樂部而是逕自的回家了。年來我愛上了俱樂部，下班後就會去上有氧運動的課程，上完課就洗個澡再回家；老婆也是這樣的，只是她學的和我學的不太一樣而已。我偏愛 HI-HOP、拉丁舞和 HOUSE 等，而她則愛騎飛輪，她說她要瘦大腿。我也不是每天去的，其實一個禮拜裡，我還是有許多天不去的；我常認爲在運動以外，還是要讀一點書的，也要腦力激盪一下的，以免得了老人癡呆症。

當天晚上八點多，有電話鈴響，對方說要找我老婆，說他是辦公室打來的。我說她不在，又問他要不要留話，他說沒有關係。不久鈴又響，又是剛剛的聲音，他逕自的說：「X 科長確定是 SARS 了！辦公室的人，有三個科，一律居家隔離，不能出去，要到十四號才可以去上班。」

我的腦海裡不禁浮起「SARS 怎辦！」的空虛與無助。對於那種空虛與無助的感覺，我也就只有在台灣遭逢到退出聯合

國、中美斷交的噩運和我媽媽去世時的感覺差可比擬的了。

我撥大哥大說：「老婆，妳在那裡，有重大的事情發生了！」

「我已經知道了，我馬上就回來，就快到了，你到巷口幫忙拿東西。」夫妻總是在患難之中，才最有一體的感覺。

老婆出差台東，提前搭機回台北。她為了要不要不報機票，而可以多報一天的出差費在傷腦筋。她說：「少報一天出差，別人也要跟著少報的；而多報一天出差卻又是違法，搭飛機都有記錄的。」後來我們認為別人怎麼報是別人家的事，我們管不著的，但自己卻犯不著為著區區的幾百元而違法。

雖然在我們今天的社會裡，經濟生活較諸於以往，已較少有不得溫飽者；但仍常有很多的人，在溫飽以外，還常假公濟私，趁機撈錢的。

五彩繽紛小魚

是哪時開始的，我已忘掉了，最近老婆的辦公室裡興起了一股養魚的風潮。她說：「在只有幾個成員的辦公室裡，每個人的桌上都有一個小玻璃缸，也就是說每個人都在養魚！」她又說：「大家都是養孔雀魚的，五彩繽紛的，小小的魚；只有 X 科長養了兩尾一、二指寬，不知名的魚，他說是水族館裡買來的。」

過不久，有天老婆說：「X 科長的魚自殺了，跳出來自殺了！」又過了沒幾天的，老婆又說：「X 科長換養蝦子了。」

我說：「養養東西總是好的，管它是魚是蝦的，只要是活的東西，要養就要有耐心、有愛心的，才會養得好。」這之後又過了幾天，大概是在上個禮拜吧，老婆又說：「X 科長的蝦子統統死了，大概是噴消毒水噴死的。」我沉默以對，不禁想著：噴消毒水死的，那麼孔雀魚呢？為什麼沒有死。

戴上 N95 口罩

對 SARS 的恐懼，社會上興起了戴口罩以防疫的風潮，只要是人多的公共場所或者是在舟車上，就可見到有許多人戴著口罩。而據說戴口罩，效果最好的是 N95 了；可惜 SARS 事出突然，衛生單位準備不及，雖經緊急的採購，也只能勉強先供應醫護人員以及病患使用了。對全民的防疫來說，雖想備用亦不可得的，因之有些有辦法的人，就由國外的親友直接買了再寄回台灣。也不知道老婆的 N95 口罩是怎麼來的，反正她是比我有辦法的人！她抓著 N95 的口罩說：「嘿，原來這就是 N95 口罩呀，果然有 N95 的標記。」隔天，老婆回到家，就說：「X 科長今天戴的口罩和以前的不一樣了，我原本還不知道那就是 N95 的，只是感覺和我買的那個一樣。所以我就問他，今天戴的口罩怎麼和以前的不一樣？當時我似乎聽到他說，那是他太太要他戴上的 N95 口罩。」接著她又說：「下午 X 科長說要辦點私事就休假了。」

又次日，老婆說：「X 科長太太打電話來說 X 有點發燒，可是他想上班。我勸她說，身體不適就多多休息，反正假也用不完。」

　　一串串的回憶浮上了心頭，可是我無法確切的記得我老婆是在何時出差的，蝦子是何時死的，而 X 是何時戴上 N95 口罩的，又是哪天是他的最後的上班日的，而這些時間點都關係到我老婆的風險，甚至於是我的風險。

　　到了巷口，正見小姨子寒著臉把車停了下來，好像碰到什麼瘟疫一樣的；而且老婆和外甥也都戴上了口罩。老婆和我也不多言的，一如末日到來一樣的，就急匆匆的把蔬果和麵包搬回家了，而那個樣子似乎是逃回家就安全一般的。

　　我們未進門就聽到電話鈴響了，老婆衝了過去接電話，我斷斷續續的聽到她在談著出差、請假、看病等的一些事。我本想打斷她的話，問她 X 科長到底是何時戴上 N95 口罩的，可是我找不到講話的機會，我知道插嘴打斷她的話的後果，那將是一頓的臭罵。過了半個鐘頭，我終於抓到她放下電話的空檔，我問說：「X 科長何時戴上 N95 口罩的？」

蝦子死光光

　　老婆不耐煩的說：「我不是說過了嗎？」

　　平時或許我會閉嘴不再問的，可是牽涉到她的風險，我煩躁的吼了起來說：「妳再說一次，會死嗎？」

　　「我已經說過了，就禮拜一，28 號嘛！23、4 號他出差，24 號科裡請假的請假，出差的出差，整個辦公室只剩下我一個人，25 號他有來，那天他發現蝦子死光光了，而我的鎖匙掉了，我就到事務科去找開鎖的來幫忙。」

　　「他 28 號以後就沒有上班了嗎？」我再問。

「哎呀，我不知道啦！有人說 30 號早上還看到他，可是我沒看到！但是可以肯定的是 5 月 1 日、2 日他沒有來。」

我又說：「好啦，那就算 28 號是最後的接觸日好了，按照 SARS 病毒有 1 到 7 天的潛伏期，3 到 7 天會發病來推算，妳已過了 4 天，沒發燒是好現象，但潛伏期要到 5 月 5 日才解除的，妳還是要小心一點比較好。」

「有人說潛伏期是 1 到 14 天呀，就看身體強弱。」

我說：「如果是 14 天，那就從 5 月 5 日起算，再加上 7 天，不過有人說 SARS 病毒強傳染力也強，X 科長禮拜一戴 N95 口罩，表示他生病了，而 3、4 天就驗出 SARS 來，表示他不是早被感染了，就是感染的 SARS 病毒特別的厲害。」

電話又一通通的響起，都是找我老婆的，有的是她的同事，有的是衛生單位，還有的就是她的兄妹打來的，都是在談 X 科長的行程或談論 X 科長的病情。

「原來 X 科長戴 N95 那天就已經發燒、拉肚子了，我竟不知道，好可怕耶！」老婆說：「幸好我勸他不要上班，如果他來上班，那後果真不堪設想了！」

「這也不能怪他了，人家以公務為重，何況他也不知道自己得到了 SARS 的，檢驗報告不也是今天才出來的嗎？」我說。

肛溫塞進嘴巴

老婆義正辭嚴的下令說：「我『居家隔離』，你也要『居家隔離』，兒子也要；不要去上班，免得害人！」

「這什麼話，妳『居家隔離』是妳的事！」我翻著新聞局編印的 SARS 防疫特刊唸著：「居家隔離規定：一、密切接觸者：（一）照顧過 SARS 病患的醫護人員或家屬。（二）與 SARS 病患住一起、在同辦公室上班或同班上課者。（三）與 SARS 病患同班機坐其前後 3 排內者。二、可能接觸者：曾到過發生集體感染的醫療院所就診的民眾。三、入境者：從世界衛生組織界定的病例集中區來台或回台者。你符合與 SARS 病患同辦公室上班，而我算什麼！」

「好啦，你不守規定！害人害己！」老婆生氣的說。

看到老婆堅持守法的態度，我只得緩頰了：「妳倒是很守法，我和兒子都通知服務機關好嗎？」

「隔離期間，我一步也不出門的，我會守法的，這輩子我的夢想就是當法官，當法官的人，應該要最守法的！」老婆又自己信誓旦旦的說。

「哎唷，你要當法官，那我就吃不完兜著走了！妳冷血！你還有一點情感嗎？」我陶侃她。

「你現在就打電話！」老婆得理不饒人的下著命令。

「禮拜一打行嗎？我又沒有電話號碼。」我想著，挨過一時就是一時。

老婆自己摸摸頭說：「還好，沒發燒。哎唷，家裡有沒有體溫計？以後我們隨時要量一量，你也要，超過 38 度就要掛急診。」

我一邊翻著醫藥箱，一邊說：「應該有，我記得股東會送了一支耳溫槍。哎唷，不只一支耳溫槍，還有兩支數位溫度計耶。妳用耳溫槍好啦，比較方便，你量的次數多，我和

兒子就用數位溫度計了。」

「看清楚呀，別拿量肛溫的塞進嘴巴裡。」老婆好心的提醒著。

「拜託，我又沒瞎。」

「瞎是不瞎，可是常出岔的，你不承認你常出岔嗎？」老婆又得理不饒人了。

如果不是發生這麼大的事，打亂了我們的心緒，我們早就睡覺啦。可是今天時過子夜了，我們依舊沒睡意，沒哪個人願意先去洗澡睡覺。

電視機裡反覆播著 SARS 的疫情，我們漠然的呆瞪著螢幕。我惦念著小孩，萬一我有什麼事的，真不知道該怎辦！那晚我們各量了兩次體溫，所幸她是 36.5 度和 35.9 度；而我則是 37.1 度和 36.3 度，就溫度來說，倒是讓人安心的，可是還有明天、後天呢，恐懼還在前頭等著我們！熬到午夜兩點，我們才依序的上床。

5 月 3 日星期六，一覺醒來，確定自己沒有發燒，我就踱到老婆的房間，摸她的額頭，感覺上是體溫正常。要說風險，老婆比我高的，她安全我就 SAFE 了！

這天老婆慫恿我去買酒精和棉花，還有漂白水。我一邊找一邊說：「我記得家裡有漂白粉，加水沖一沖就變成漂白水的。」婚後老婆聽說漂白粉對皮膚不好，早就拒絕使用了，所以漂白粉一直沒開瓶。

我從書架裡，找出漂白粉：「看吧，果然有。」

「你還是要去買酒精和棉花的！」老婆又斬釘截鐵的說。

「我在『居家隔離』呀！我怎麼可以出去！」我逗她。

其實我知道那是非買不可的，是要用來消毒體溫計的。

「叫你去買就去買，否則我就叫我妹買來。」老婆神氣的說。老婆的姊妹頗有姊妹之情，有事常互相照顧的。

「好啦，我去。」我說。

「騎車去，早去早回。記得戴口罩，人多的地方不要去，不要跟人多講話，否則就是害人，不道德！」老婆再三的叮嚀著。

藥局門庭若市

我戴上了口罩，騎上機車，一路奔到藥局。藥局門庭若市，每個人大多戴著口罩，沒戴的也在詢問口罩的價格和用處等的，而穿白色醫護服的人一再重複的說：「N95 沒貨了，不是照顧 SARS 病患的醫護人員是不需要使用 N95 的，用一般手術用的或含有活性碳的口罩就可以了。」可是顧客似乎不領情的，掉頭就走了。在人人自危的時候，生命是比金錢重要的。

「很無聊呀，我可不可以去運動？」回家後，我逗我老婆說。

「你不道德，政府規定你『居家隔離』，你就不能出去！你出去我就告你！」

「什麼不能出去，你才不能出去，你是一級隔離！我最多是二級。」我又翻著防疫特刊，唸著：「一級隔離，非不得已須外出，應經衛生所人員同意，並一定要戴口罩，避免到公共場所或搭乘計程車、公車、火車或捷運。二級可外出

就醫、在空曠場所運動、買便當、報紙、倒垃圾等。此外，外出應戴口罩；禁搭乘計程車、公車、火車或捷運；不得前往醫院探病；嚴禁前往人群聚集的公共場所，如銀行、圖書館、菜市場、量販店、百貨公司、電影院、KTV、網咖等。我故意把健身房漏掉。妳看，從規定上來看，我本來就可以出去的。」

「我好無聊！我去健身房好嗎？」我又逗她。

「你無聊可以讀英文呀，就是不准去健身房。」老婆義正嚴詞的說。

「好啦，好啦，本來我就不去運動的，我是逗你的，如果到健身房，也是害了一起跳舞的朋友了，於心何忍。」

我無聊，老婆要我讀英文，這怎麼可能？命沒了還有英文嗎？所以我又無所事事的開著電視，盯著反覆播放的新聞，那裡又發現 SARS 的病患，那裡又有多少人被『居家隔離』了。我也買早報和晚報的，有時還買了好幾份，深怕漏了任何的 SARS 的相關重要消息。

老教授下班

我下樓又遇到老教授下班了，老教授笑著問：「你真的在……，喔，你下班了，這麼早！」

我笑說：「是呀。幸好天氣熱了，SARS 的肆虐也要減弱了，不是嗎？SARS 病毒在 39 度會死掉的。」

「還早呀！」老教授淡淡的說。

其實我已感受到他半途吞回的話，那就是『居家隔離』

四個字。我相信他一定知道我在『居家隔離』了，想想昨天老婆接了那麼多的電話，吵了老半天的，談的又都是 X 科長的事，用膝蓋想都知道的，我這家人是在『居家隔離』了。

老教授是研究者，其實我該誠實的告訴他，說不定他還會給我一些好的建議的。可是我又想到她的同事對她的警告：嚴重警告不歡迎疫區的人造訪！另有其他樓層的人也數落著她說：為什麼 X 科長生病了，妳們還到樓上來，想害人嗎？因此我又把事實的原委吞了回去，我深不願遭受異樣的眼光！

5 月 4 日星期日，一覺醒來，我又量了口溫，還好，也是正常的。我依舊到我老婆的房間，摸她的額頭，感謝上蒼，過了今天，潛伏期就幾乎屆滿了。

我老婆一向很會睡的，她常說：「別吵我，我都可以睡到中午！」而我是早睡早起的鳥，所以數十年來，我喊醒小孩上學、喊醒老婆上班。我老婆就常說：「你沒什麼好處的，既不作飯、也不洗碗、又不拖地，惟一的好處就是當公雞，喊醒我們起床。」而我總是提醒她：「拜託，剛結婚時，不都是我在作飯、洗碗、拖地的嗎？」

已是 10 點了，如果不是電話鈴響，老婆依舊會賴床的。來電的是老婆眷村的玩伴，她說要送來一瓶她自己做的大蒜泡醋，她說可以防 SARS、去毒。老婆說：「我們在『居家隔離』，危險！」可是她還是堅持要來送，後來只得答應她送到樓梯口，再由我去拿。

下午傳來 X 科長插管治療，真是戰情日日緊迫的！我把蒐集來的 SARS 的相關資訊，綜合了起來。我跟老婆說：「這

次 SARS 病毒是由直接接觸病人飛沫或體液（包括：痰、口水、鼻涕、眼淚、精液、血液、大小便），或經由被 SARS 病毒所污染的手或物品而感染的。SARS 的病毒可在室溫中普通物件的表面上存活數個小時，而在塑膠製品則可存活 24 個小時，在病患的排泄物可存活 4 天。感染者的潛伏期最長為 14 天，一般是 3 到 7 天發病的。沒咳嗽發燒時，是看不出症狀的；而其症狀就是高燒、乾咳、頭痛、肌肉痠痛、呼吸急促、呼吸困難、皮疹或腹瀉。」

炭疽桿菌

「嘿，這是報紙寫的：『人類歷史上，致命的傳染病一直沒有絕跡的，以炭疽熱來說，二次大戰前就發現了，其病原是細菌，叫炭疽桿菌。

感染者會出現咳嗽、高燒、呼吸困難、胸痛、大量排汗、身體缺氧、呈青藍色的症狀，嚴重者會喪命。現代社會原本已少有炭疽熱的疫情存在，但相互敵對的國家却競相採集炭疽桿菌，而研究發展出生化武器，這才又使炭疽熱依然威脅著人類的生存。在 1979 年 4 月，前蘇聯細菌武器基地，曾爆發了 50 年來最大的炭疽熱的疫情，當時造成俄羅斯史佛洛夫斯克市喪生了千人；在 911 以後，美國亦頻遭炭疽桿菌孢子信件的恐怖攻擊，因此才造成全球的聞炭疽而色變。

炭疽熱可透過不同的管道侵入人體，包括吸入炭疽菌孢子、食用受感染的肉類、傷口的接觸等；而且只要一萬個炭疽桿菌就可殺死一個人，而一加侖的炭疽桿菌，就可製成 80

億致命毒劑。』」

　　老婆不耐煩說：「你有完沒完的，我管他什麼感染的，什麼病情的，我只要確定我有沒感染！」

依波拉出血熱

　　我又說：「至於『依波拉出血熱，其病原係依波拉絲狀的病毒。病毒缺乏細胞壁，無法獨立的生存，需要寄生的結構，並依賴著所感染的細胞來繁衍，是比動、植物還簡單的生物。

　　依波拉病毒仍被界定為非洲部份地區的地方性疾病，1976 年在非洲薩伊北方爆發的最大疫情，其病例有 318 例，而其死亡率達 88%。

　　在 1995 年至 1997 年間，再度在非洲薩伊與加彭兩地爆發的波拉病毒，死亡率降至 77%；而其症狀是急性發燒、肌肉疼痛、心跳頻率降低、帶血腹瀉、口鼻出血，最後出現紅疹、衰竭而死。依波拉病毒的天然宿主、傳播方式與潛伏位置，迄今仍然未明，僅知猴子可能會暫時帶原並傳給人類，而帶病毒的空氣微粒或血液也具有傳染力。』」

漢他出血熱

　　「此外，還有『漢他出血熱，病原是漢他病毒，由囓齒類帶原，經空氣而傳染。在 1951 年至 1953 年的韓戰期間，在韓國爆發的，其病例數在 3 千人以上，死亡 4 百人，其症狀是急性高燒、休克、疼痛、虛弱、賢衰竭。

漢他病毒出血熱，初期被認為是以鼠類或體外寄生蟲為媒介的亞洲地區疾病；但在 1993 年至 1995 年間，美國的境內，超過 20 個州，發現了超過百名的感染新型漢他病毒的病例，其症狀除發燒以外，還有低血壓、血小板數目過低、胸部 X 光可見到肺浸潤，最後肺水腫致死。美國將之先稱四角區病毒，後又改為無名病毒，其死亡率逾 50%。後來瑞典、芬蘭等國家亦有病例，而成為肆虐全球的病原。』」

我終於唸完了，雖然我知道她是一點也聽不下去的；人在恐慌之中，經常是亂了分寸的，暴躁與沒耐性的！門鈴響了，老婆的眷村玩伴送來了大蒜泡醋，老婆請她在樓下等，要我下去拿，並請她還是別上樓的，以免被感染到。在大家都把『居家隔離』者當瘟神之時，這眷村玩伴的關懷，令我們深深的感動，真是患難見真情！

5 月 5 日禮拜一上午，我請休假一天，我沒有說我老婆在居家隔離，我所以不告訴服務單位，是怕造成單位上無謂的恐慌，反正「休假自行隔離」的效果一樣。兒子倒是誠實的說了，公司的答覆是沒有規定，我們說：「那就上班去吧，記得帶口罩，利人利己。」

中午老婆起床，我把休假的經過告訴她。「你今天休假，那明天呢？那後天呢？何況你也不能隱瞞的，你該問問他們如何處理的！」老婆說。

漂亮的女生

我打電話給人事單位，我說：「有一個人，她的同事得

了 SARS，她的服務單位要她居家隔離，她的配偶在單位裡工作，請問該配偶怎辦？」

對方是一位漂亮的女生，高個子的，講起話來斬釘截鐵的說：「你講清礎，到底是誰，講清礎！」

「就是我呀。」我淡淡的說：「我老婆的同事得了 SARS 了，你說我該怎麼辦？我今天是請休假了，……我想萬一我老婆有被感染，而我也被感染，我又去辦公室的，再去感染別人也是不好的，所以我今天請休假，自行隔離了。」

「你不是同一辦公室的，沒有規定，以前沒 CASE 的，我問一下長官好啦！呀，長官來了，剛好來了，你跟他講。」

我一五一十把原委說明。那個人說：「新聞已經報導了，可是，你是配偶，沒有『居家隔離』的規定呀。」我說：「好，那我明天就去上班。」

我並不是投機取巧的人，甚至於我一向鄙視那些投機取巧的人。我的原意，其實是在為維持那個單位的順暢運作；因為我知道，如果我出狀況，那麼那個辦公室以及餐廳都是大空間的單位，依照防疫的規定，何只幾百人要被隔離！而那個單位的業務也就幾乎要完全停擺了！

孤獨的自己一個人

我真是白目的很，也是「好心被雷親」！記得小學時體檢，我曾被加註為「疑似肺炎」。下課時，我都躲到沒人的地方，孤獨的自己一個人，以減少和同學的接觸，深怕肺炎傳染了別人！

　　上班時，有次我做東請客，我明知道其中有人正患肝病，我怕他傳染別人，所以我說：「大家用公筷、母匙好了，我得過肝病！」我的本意是在維護同桌十幾個人的衛生安全，沒想到那正得肝病的人竟說：「為什麼要用公筷、母匙，那不是大家都不信任了嗎？」幸好那次是我付錢，而付錢的人講的話，大家也只得聽了，所以就用公筷、母匙了！當然，那也許是我的多慮的，說不定，那天大家混著口水吃也沒事的！但我不願，明知自己有問題的，還要找別人來陪伴的人！知識份子的自私與不道德，是常常可見到的！故意散播法定傳染病是犯罪的行為，雖然肝病似非規範範圍，而是司空見慣的東方疾病而已，但又何必傳染別人呢？

　　過沒十分鐘，鈴又響了，是人事打來的，他說：「比照嫂夫人服務單位的規定，從今天開始計算，居家隔離到 5 月 13 號，14 號再上班。不過，其名目是在家上班，意思是不要亂跑，要查班的。」自此我真的在『居家隔離』了，是被服務單位『居家隔離』的。下午傳來噩耗，X 科長下午兩點走了。在晚報上，一大堆 X 科長的相關消息出現了。

　　五月六日禮拜二，我買了早報，X 科長的醫療史、近期的行程都有詳細的報導，雖然其中有一、兩點是錯的，大致上還合事實；此外，還有一篇對 X 太太的訪問，我老婆看了也說：「很中肯，句句實在。」

　　「鈴。」電話鈴響了。

　　「喂。」我應聲。

　　「看看你在不在家，他們說要查班。」人事室的人說。

　　「我瞭解，確實應該這樣的，否則會有流弊的。不過，

像我這種跟上了報的人，有明確的間接的事實關係，那是造假不了的；我也不會趁機到別的地方去度假去的！」

官腔官調

剛掛斷電話，不過幾分鐘而已的，電話又響了！

「查班！」對方沒來由的、斬釘截鐵的、官腔官調的說。這到底是誰呀！

「我來查班的，看你有沒有亂跑！」對方又說。

「你以為我喜歡『居家隔離』嗎？我還想上班呀，在家裡很無聊的。」我有點火氣的說。我心裡暗罵著：查班，查班，捉賊呀，把我的人格丟到哪？是我有人性，不想傳染你們，否則萬一我真得了 SARS，我去上班，然後傳染給你們；我死了，你們也一起陪葬吧！

那些查班的人竟一點慰問之意都沒有，劈頭就官腔官調的稱為「查班！」好像執掌查班之責就威風八面的，而被查的人就該矮一截的。其實查班的人，打個電話問個好，同樣也達到查班的目的，又何必劈頭就說查班！令人反感，不過這種雞毛當令箭的人，在單位裡是司空見慣的了，大家都是老大，也毋怪小毛頭都如此的跋扈囂張的，更別說主事者了，此乃公司之大不幸，國家社會之大不幸！

另外還有一件事，也可記一筆的，有人說要來看我，我婉拒她，其實如果我真說「好」的話，在那種人心惶惶的狀態之下，我想一定會把那人嚇死的！所以，實際上，除了那位眷村的朋友來訪以外，其他的人都逃之夭夭了！在我們的

那段『居家隔離』的期間！

禱告上蒼

又過了幾天無所是事的日子，我真的悶慌了。我打了電話說：「我要去上班了，好嗎？」對方還是說：「假已經請好了，十四號再上班。」我有位教授朋友說：「人家退休都是每天去遊山玩水，我退休卻仍是每天寫東寫西。」同樣的，對我來說，上班比不上班的好，而我退休後仍要有正經事做的！可不想像那些政客或者平日裡威風八面的人，一旦下了台，就變成「米蟲」，鎮日悠遊，無所事是！只是社會的負債。

X 死了，葬了；但據傳說，最後的醫院檢驗報告，並沒有證實他是感染 SARS 的。也幸好是這樣的，否則所有的情況勢將完全改變了！

台灣 2003 年的 SARS，距今已過了 6、7 年；我禱告著上蒼，請別讓 SARS 再次的蹂躪台灣了，請賜福台灣免於瘟疫的流行。

附註：依照楊裕樑副教授所說的，於 2009.02.03《自由日報》發表之資料，台灣從 2003.03.14 發現第一個 SARS 的病例，到同年 07.05 世衛組織宣佈台灣從 SARS 感染區除名，在其 4 個月期間共有 664 個病例，其中 73 人死亡，經濟損失近 700 億元，並創下 1949 年以來，醫院封院、街坊封樓、院外發燒篩檢的首見紀錄。

（刊台灣時報 2009.3.8~10）

人生自是有路癡

　　毋庸置疑的，我是正常的人。關於這一點，我是可以很確切的肯定的。我可以正常的工作、正常的思考、正常的吃喝玩樂、拉灑，就祇欠缺方向感而已。但是，欠缺方向感並不意味我就不識得太陽升起是東邊，太陽落下是西邊的，我祇是認爲方向在我的生活中，欠缺實質感的意義而已。

　　記憶裡，小時候的我並不路癡的，但我的兄弟偏說我是路癡。我的兄弟說，當我小的時候，大概三、四歲吧，就迷過路了。我問怎麼個迷過路的，我兄弟說我穿著開襠褲的，拖著掃把，一把鼻涕一把淚的，一邊哭著一邊喚著阿母。我說：那就叫做迷路嗎？我不信。我祇不過是在找我的阿母而已，難道連找阿母都叫做迷路嗎？

　　我兄弟說他們找了我很久也找不到我；我說找不到我，不能說就是我迷路呀。我兄弟又說找到我的時候，我還一直向著回家相反的路走過去，而且越走離家越遠的；我說：噢，這就叫做迷路嗎？何爲在前、何爲在後的，換個位置不全改變了嗎？

　　雖然我一直不肯承認他們說的那件事是『迷路』的，但當我問我兄弟爲什麼我不知道而他知道，我的兄弟說是阿母告訴他的。這話使我無懈反擊了，我只得承認我那是『迷路』

了，因為這是阿母說的。阿母說我是迷路，我就是迷路，不用二話的。

　　如果說找不到阿母就叫做迷路，我也會瞭解也會認同的，就像現在阿母走了，她躺在墓草之下，而我穿著開襠褲的歲月依舊深陷在我的心坎裡，而我的形體卻已成一朵浮萍了，無依無靠的漂浮著，就是有著什麼欠缺的、不踏實的感覺。

　　或者這麼說，自覺找不到回家的路的那段時間就叫做迷路的，這話我也可以同意的。我自覺找不到回家的路，就像找不到我阿母的心情是一樣的，我會心虛浮而不踏實的，我會茫然而無所依歸的。

　　如果說並沒有自覺找不到回家的路，也叫迷路的話，我是不同意的。如果說，找不到回家的路就叫做迷路，那我豈不是常常的迷路了，也常常的不迷路了。我常迷路，是因為我常在找回家的路；我常不迷路，是因為最後我還是回到了家，並且沒有迷路。我沒有自覺找不到回家的路，我認為其結果祇不過是多繞了幾個圈子的路而已，多走幾步的路而已，既不妨礙他人也不如浮萍的漂浮，而且最後我仍會回到家裡的。

　　對所謂的方向，我向來是以我家就在那棟大樓的過去一點路，國賓飯店就在中山北路，是台泥大樓的附近；或者小市場是郵局對面的巷子進去的，穿過兩條馬路就到為概念的。對我來說，我不會主動的去瞭解，我家在哪棟大樓的東方或西方的，國賓是在台泥大樓的東邊或西邊的。

　　認識方向對我來說確實是很困難的一件事，東西南北都是抽象的，沒有任何的形狀、顏色、味道，也沒有任何具體

的概念，何況祇要我的位置一經改變的，所謂的位置，前面即變為後面了、而左邊即變成右邊、東即變西，南即變北的，方向不就全然的改變了嗎？在記憶裡，小時我並不迷路的，祇要不超出所謂的附近或隔壁的概念範圍內；所以最後我還是回到家的。

　　在很早以前的事，我就知道我不是會認路的人，我也知道自己欠缺方向感。上童子軍課時，我曾努力的學習辨識方位的，可是方位不祇是東南西北的，還有東南、東北、西南、西北等，而再分下去就是北北西、南南東等的，完啦，東南西北還沒認清的，東南、東北、西南、西北未識得的，而其他的北北西、南南東的又來了，怎的有那麼多的方位呢。夠繁雜的了，我整個人都迷糊了，最後我放棄了學習所謂的「方向」；我仍舊運用在附近、在隔壁的概念生活著。其實在附近、在隔壁，或東南西北的，不也都是在敘明位置的問題嗎？

　　第一次到台北，我就迷路了。那是當我高中畢業時，我老爸告訴我，我家家境清寒，而且我已經高中畢業了，該去賺錢養活自己了。我聽說台北是賺錢謀生的好地方，當下收拾簡單的行囊就北上了。我走進火車站前的「職業介紹所」，我一眼就瞄見黑板上寫著會計一名、搬運工三名，我說：「有沒有要請人。」介紹所的人反問我：「你可以做什麼？」我說：「我可以作會計。」他說：「沒有那種工作啦，我們只有綑工之類的，你太小啦，不會做的。」我急急的說：「會計我讀的很好呦，是前面幾名的。」他說：「沒用啦，會計都是自己的人在做的。」

　　碰了一鼻子灰，我就去買票準備打道回家了；可是離開

車的時間還足足有 3、4 個的鐘頭，漫長得很的，又聽人說，新公園 —— 就是現在的二二八和平公園就在附近，我想既然時間還早，何不到那裡去打發打發時間。我進了新公園，我順著人行道走，心想繞個圓不又回到原點了嗎，沒有什麼了不起的，我如此的走呀走的，直到我發現不是原來的入口時，我才大為驚慌的，問這個人說是在那邊，走到那裡又問人，那個人又說是在那邊，當時嚇得我冷汗直流的，如此的東竄西走了兩、三個鐘頭的，我才終於回到了火車站，幸好還來得及搭上車。

後來大學畢業了，我又上了台北，我是找好了工作再北上的，毋須再在新公園裡去迷路了。在台北，家鄉裡那種所謂的附近或隔壁的經驗都不管用了，我不在新公園迷路了，我卻在其他任何地方都會迷路的。經常的，我一到陌生的地方，甚至離開我暫居之處，只要多拐個彎或早拐個彎，我就迷糊了，經常也因之東轉西轉了 3、5 個鐘頭才離開了那個迷障區。

有一天，約好剪髮，那個人的工作室，我曾去過幾次的了。我從台銀儲蓄部前行，穿過重慶南路，我記得那工作室是在小小的路左轉就到的，雖然不死心的找來找去的，卻就是找不到。後來我放棄了找尋，我回家翻電話簿問清楚了門牌號碼；原來從台銀儲蓄部起步並不需要穿過重慶南路的。而那天我整整的遲到了一個鐘頭，理髮小姐說我是亂馬二分之一，我並未探究什麼是亂馬二分之一。對這種找來找去的情況，我並不以為苦的，只要不妨礙他人或者遲到，我是極樂意認識新鮮環境的，雖然嗣後再度去光臨，那曾去過的場

所又變成了新鮮地。

　　後來我發覺多花一點時間，去認識不同的環境並不合算的，於是我開始以台北火車站爲終點和起點站。我要到士林，我就先搭車到火車站再轉搭，同樣的，我從士林搭車到火車站再轉搭回住處。

　　後來我結了婚，除了局限於附近的建物標的外，如果我要到某個餐館或地點的，而那總不外是親朋同學有喜慶或有聚會什麼的，而不管是去過一、兩次的或從未去過的，我總要問我的老婆，路怎的走法，搭幾路車的。我也奇怪爲什麼所有的路都在她的腦袋瓜裡的；等到了目的地，看到那形象、那裝潢，我就又會勾起我曾到過的印像了，以及當時我也曾多走了多少的冤枉路的記憶了。

　　阿母走了，妻說：「阿母走了，以後我就是你的阿母。」我搖頭：「不對，不像。」妻又說：「阿母臨終前交待我照顧你的，所以我就是你阿母。」我還是認爲不對、不像樣。我很訝異的，火車站前那些待轉乘的旅客了，爲什麼表情冷漠、無知或者愉悅的，難道他們只想遠走高飛，離開家裡的阿母。

　　最近到內湖去，時近晚餐時刻的，由於超市只有披薩，因此就到隔壁大樓去用餐。我們一行共 5 個人，進入後一看，幾乎座無虛席的，所幸運氣還不錯的，恰好有一桌人要離席，我們就佔用了。我們言明各點各的，這是自由而實際的安排，大家都很高興，愛吃什麼點什麼的，其實最重要的是誰也不願請客，或者爲要不要請客而傷腦筋的。我們留下了一個人顧位子，以免位子被別人佔走，而這人要等點好餐的人回來

以後，才可以去點餐的。

　　妻說她要留下而要我先去點餐，我依言走過每個的攤位，麵食上次才吃過，西式速食興趣不大，轉了一個圈子，最後我還是看上鄉土味的雞肉飯，因為它有故鄉的風味。記得年輕時，有一碗雞肉飯加一碗蚵湯的，已夠我高興半天了。

　　我買單時，妻也來了，她說她中午吃多了，不太吃得下，要少吃一點，並且問我點了什麼的。我說我點的是雞肉飯套餐，一碗雞肉飯、一碗湯、一碟清菜，量不多，正好給她，我再自己點白切雞肉飯套餐，等下再分點菜給她。

　　待我的套餐準備好，我端著餐盤回頭走，本想位子應該在這頭的，卻望呀望的就是看不到熟悉的身影，我暗忖或許他們在對面吧，我快速的走到那邊，可是我依然看不到他們，我又想或許是我不細心看走了眼，那我就再繞一次好啦。

　　我邊繞邊心慌的，看到有些空位騰出來，我想著乾脆在那空位上先吃飯好啦，肚子餓得很，卻又認為不好爽約的，免得等一下挨罵，所以我只得再次的找尋著；可是我仍然找不到他們。這是不可能的事呀，我們是一進門就找到位子的，而今卻看不到他們的身影。後來我定下心再仔細的看看桌子的排列，這才發現桌子分成 2 大聚落的，我幾次找的都是這邊的同一個聚落的而已，而另一邊的聚落卻從未找過，怪不得找不到他們。

　　雖然我仍認定他們應該在這一聚落的，但我還是端著盤子走向那邊去，奇怪的很呀，他們果然坐成二排在吃飯了，而且還吃得都快吃光了。他們可真篤定的很呀，沒人等我，也沒有人會想到我。

　　「咦，你們在這裡呀，我找好久才找到的耶，我明明記得我們進門沒多久就找到空位子的。」我靦腆的說。

　　「只是換個方向而已。」妻淡淡的說。

　　我不想瞭解是他們換個方向，還是我換了個方向了，那是一件頂頭痛的事情了。對我或者我老婆來說的，我是早已欠缺了方向感的，而那是司空見慣的事。

　　或許吧，台北永遠不會是我的故鄉，我的故鄉的標記是在南部的小鎮上；我是台北人講的「下港人」。也或許罷，其實我不該有那種的想法的：人間並非我的故鄉，我終將老去的。

（刊台灣時報 2009.03.26~27）

急驚風遇上慢中風

　　對我來說，所謂的「腦中風」，就在我上了樓梯，準備進入客廳時發生了！那是那麼的來去無蹤跡的，一點徵兆都沒有。

　　我曾回顧到這一、兩年以來的事情，或許其實我早已有中風的前兆了，只是因爲我自己欠缺這一方面的醫學常識，因之不知道那個狀況的事實真相而已。其實在這近一、兩年以來的，我記得當我在馬路上步行時，我曾有好多次的短暫性的暈眩發生過；而在當時，我自己還以爲是發生了地震的哪，所以地面有點晃動的。此外，我也發生過在大白天裡，突然的，我的眼前就會是一片漆黑黑暗的情況，只是眼睛一閉的，也一下子就好了。而這一些事情，由於都是在一刹那間發生的，也在一刹那間就消失掉了，來去無影無蹤的，所以都在我的無知中被忽略掉了！

　　也或許吧，我是在自己逃避「生病了」的事實，而且這種病是要住院治療的大病。或許吧，因爲我曾發生的中風現象，雖其徵狀很是輕微，卻就可能演變成慢性中風的了！

　　我自己欠缺這一方面的醫學常識，固是疏忽注意的主因；而我又自以爲自己的生活作息很是正常，是屬於早睡早起型的，也不縱慾的，平時裡也有持續的運動，而身材也不

過胖。並且在飲食方面，雖然偶而會有一些吃大餐的應酬或打牙祭的；但在基本上，我還是一位不重口腹之慾的人。我的三餐總是清清淡淡的，不是重口味的，也沒炸物也沒刺激性也少油鹽的。我老婆說，那就叫做「老人餐」了。老人餐，確實不怎麼好吃的；但是卻可以減少許多「病灶」的產生，減少身體的負荷與病變。所以對於「中風」一事，我真的想都沒有想過會發生在我自己的身上。

中風發生後三、四天了，對我來說，我現在才能倒退著去回想事情發生時的整個狀況，雖然其中不免會有一些失漏或誤失之處。但我仍必須儘量的、忠實的將整件事情呈現出來，以便記錄其前因後果，自我警惕並供他人參考，而這或許有助於他人的「自我健康管理」。

我的中風，是屬於缺血性的腦中風（俗稱腦梗塞）。在那一天，我如同以往一樣的，依然早早的就起床了，雖然那一天是跨年後的第一個的早晨；我還是沒有「賴床」的習慣。

黑狗造訪

在中風的那一天早上醒來以後，我還是和往常一樣的，先沖了一杯三合一的咖啡喝了，然後我下樓去抽菸。

抽菸！那真是要命的事。有許多的親戚朋友，看著我那種「飯後一根菸，快樂似神仙」的模樣，也或者抽菸的人易有口臭與菸味的，而令他們很不舒服，所以他們總是要我戒菸。而我卻是捨不得那陪伴了我數十年的「老朋友」了。說香菸是我的老朋友，那可真是貼切的很，想想我孤獨無聊時，

可以來根香菸；我快樂時也可來一根；而當我費盡腦力、搜
括枯腸時，我也可來一根香菸，舒緩一下情緒、犒賞自己。
可真沒想到的，香菸與中風的關聯性是何其的高呀！香菸不只
是中風病患的危險因子之一，而且是很重要的一個危險因子。

　　記得有人說，腦門心是「元神」的所在地，也是人腦最
為敏感的地方；而今，有小朋友在我的「元神」的上空處，
弄出了爆音響聲，而那響聲是即堅銳且單調、枯燥無味的，
也毋怪乎我會感到很是不舒服的，而有點身心不寧的煩躁了
起來。

　　我撥了一個電話到樓上去，請鄰居管一管他家的小孩
子，別再去弄出那種單調的、枯燥的響聲吵人了。然後我下
了樓，而當我推開了大門，我竟看到老里長家的大黑狗，牠
正姍姍的爬起身來走開了，我猜想牠一定是在那裡睡覺曬冬
陽的了；而這種情況是從來所沒有發生過的事。

　　我在門外點了一根香菸抽完了；那時的春陽很是溫暖
的，尤其是對照今早那種突然下降了好幾度的冷天氣候而
言。而今，冬陽把今早才十度左右的冷氣逼走了，而這真是
一件令我很欣喜的事。而那隻黑狗又躺回門口的水泥地上
了，我是一面抽著香菸一面觀察著那隻狗的；而那隻黑狗也
是悄咪咪的在觀察著我。我們就這樣相互的觀察著對方，我
想我對牠是抱著好感的。俗話有說：「狗來富。」衝著這一
點，我就該歡迎牠的到來。

　　其實這一隻大黑狗和我之間，是常在巷內或人行道上碰
頭照面的。而在那種情況之下，雖然牠依舊會警戒著我，但
我也不會突然出奇招的去驚嚇了牠；所以我們相互間的動作

就是我走我的陽關道，而牠走牠的獨木橋，互不相涉的。

　　當然，如果要我去回想和這隻狗當初相識的情況，那可也是曾有相互的驚嚇過的事發生，那是我初搬來之時，我注意到那黑狗一向被養在牠的主人家裡的，我和那隻黑狗之間，理應不碰頭也沒有瓜葛的；可是每當我經過小巷子時，牠總是「汪汪」的叫著，那聲音裡飽含著權威與恐嚇，而就牠的口氣聽起來的就是很兇的樣子了，直要等到我走遠了，牠才會停止咆哮的。後來，牠似乎熟悉了我的腳步聲了，牠也不再對我的經過咆哮怒吠了；除非我換穿別的鞋子，走起路來的聲音當然是改變了的。

　　而最令我恐怖的是，一大清早的，天未亮的，我經過那小巷子時，本以為那隻狗仍在睡覺的。我不想去驚動牠，所以我就躡手躡腳的走了過去，沒想到，牠卻突如其來的狂吠了起來，頓然把我嚇出了一身的冷汗，而且我的心臟也「砰砰砰」加速的跳動著，連我自己都感覺得到。在此後的一段時間裡，每當我走過那條巷子時，我就會不期然的心生恐懼了起來！直要到遠離了那巷口之後，也就是我不再感受到威脅時，我才會恢復心靈上的平靜。

　　後來，我開始看到牠在外面的馬路上活動著。在牠奔走著或是漫步著時，我們是一來一往交會的，可是我們沒有任何的交集；也就是說牠走牠的，而我也走我的，互不相干的。

　　可是，當我又經過牠家的門口時，或許因為那是牠所自以為是牠的地盤所在地，所以牠又兇了起來；牠總是對我狂吠不已的，即使我沒有看到牠。後來我學習到經過牠的地盤時，我會有意的按熄那輕浮起來的恐懼感。而在這之後，甚

至於有幾次的，牠也會過來聞一聞我的大腿，而牠的那個張著牙嗅一嗅的樣子，也是令我恐懼萬分的事情；雖然我的心裡總是毛毛的，可是，我會裝著若無其事的樣子，對牠給於我的威脅不予理會！

我記得我以往曾遇到過一隻狼狗，那是當我在當兵服役時。我是在三更半夜的時間裡，走過空曠的地方回家的；而那隻狼狗原本是對著我狂吠不已的。我聽得出來，在牠的吠聲當中，那是有含著警告與恐嚇意味的，可是我不理睬牠，因為那是我回家必經的路，也是唯一的路。後來那狂吠聲不見了，我原以為威脅消失了，正自慶幸著的時候；可沒想到的，我突然感到我的足踝處，也就是說，在我的小腿肚最下端的地方，似乎有被什麼東西左右含著的感覺，我一陣的驚嚇，就尖叫了起來，我不禁拔腿狂奔了起來！而那狼狗也回頭跑了。事後我猜想著，那狼狗是想咬我的小腿肚的下端的，那個足踝處的，而那個部位也是傷敵的最佳處，傷了那裡，就可以讓對方喪失足部的行動力了。

而自此之後，每當我走過牠的身邊，我不再有恐懼了，而牠也不再吠我。也或許吧，這隻黑狗，牠知道我和牠是一樣生活在相同的地域裡的熟人，是呼吸著相同的空氣，是踩著相同泥巴的；而我的身上也散發出和牠相同的這裡的味道與氣息！

我不想干擾牠的曬冬陽，所以我也在那裡曬著冬陽；雖然我知道我是不會去干擾牠的，可是牠並不知道我不會干擾牠的心意，所以牠就不時的開開關關著牠的眼皮防備著我。

我雖然不會干擾牠，可也不能要我站在那裡一動不動

的，一如被罰站了一般的；所以我就在那附近走過來走過去的了。

　　照說，我已經儘量放輕腳步了，我的走動應該不會干擾到牠的閉目養神的；可是，或許因爲狗是很靈敏機警的動物了，所以我的走動，如果是多靠近牠一點兒的，牠依然會眨一眨眼的斜睇著我。

　　而如果我更加靠近牠的話，牠就會慢慢的轉個圈子站了起來；待我走遠一點，牠又回到牠原來的曾躺過的地方轉個圈子坐了下去了的。記得小時看過的書，他們是這麼的解說的，狗未被人豢養以前，原是自己生活的，由於野外野草、叢樹、荊棘多，所以牠要睡覺時，就須要將其周圍野草踩平才能躺臥下去的，所以後來的牠們，仍需要轉個幾個圈子然後才坐下去的，而那就是牠原來的野性未棄除之故。

　　我所以要留在圍牆外，原因之一固是冬陽的溫暖和煦，令我不忍不多曬一些時間的，此外，我也是在陪那隻黑狗在曬冬陽打睏的；而另一個更重要的原因是我還在等著我的老婆回來。

　　我老婆那麼大了，還要人家接她回家的，這是說不過去的；但是如果知道我老婆有最怕狗的老毛病，則那又另當別論了。我老婆這輩子真的最怕狗了，婚前我說我們養隻狗看家好了，她說了「免談」兩個字的，就把我想養狗的意見推翻掉了！

　　老婆昨兒和她的姪女一起去看跨年烟火秀，而後她就住到她妹妹家去了，所以直到如今的才要回家來。我擔心著因爲她的怕狗，反而也讓狗「自我防衛」了起來，而攻擊到她。

我等了十幾、二十分鐘後的，我開始有點不耐煩的了，也可以說是坐立不安的了。所以我就進了樓下的大門，而那隻黑狗也很識相的轉了一圈緩緩的站起身來走開了。

　　其實，除了今天這隻黑狗出現在我家大門口曬冬陽的異象以外；在我發病的三、四天前，也有別的異象發生，那就是有一隻咖啡色的蝴蝶停在我家的大門上頭。當時，我認為「蝴者福也」，所以理所當然的，我不會去驚擾它的。

叩叫 119

　　我進入了大鐵門內，走過長廊。可是，當我上到二樓時，理所當然的，我是要去掏我的鎖匙包的；可是，那種平時裡對我來說，那是很稀鬆平常的事，而在當下卻變成很是困難的事了，而且我自覺我的左唇角有口水流了出來。我知道我是長得那麼大的人了，我又不是三歲的小孩子，還在流口水的，那真是一件很丟臉的事。可是，我卻無法去迴避它的流出，我無助的依靠在二樓門口的牆壁旁了。

　　這時三樓的鄰居適巧從外面進來要上樓回家去，或許他看到我那時的狀況，知道是有些事情要發生了。他著急的自言自語的說著、催促著：「快，快，快，快打 119，我的親戚就是這個樣子的。又是流口水又是一腳沒力氣的，而那就是中風！你家裡有沒有人在家呢？」

　　這時，我自己都感覺得到我的說話是有點兒遲鈍的了，沒有平時裡的流暢了。我簡短的費力的說：「有，我兒子在家。」接著他又猛力的敲著我家的門。

　　兒子開了門。鄰居著急的說：「快，快，快，快扶他進去！快打 119，他中風了！」

　　兒子拿起了話筒撥打了 119，可是他忙中有錯的撥錯號碼了，他竟撥到了 110 去了，而這也是從他的對話我才知道的。我只聽到他這麼說著：「對不起，我要撥 119 的，我撥錯了 110。」接著他又撥了一個電話說：「喂，119 呀，我這裡是銅山街呀，我這裡有人語無倫次的，手腳無力的，中風了！」他在呼叫 119。

　　而這可真是把事情鬧大條了，生平裡的，我何曾驚動過救護車的，何況是為了自己而去驚動的。所以，我極力的想爭辯著，不需要叫救護車來的。可是我越是著急的想辯白，越是無法發出正確的語辭了，而且我也未能如同我以往平時裡的我的語調的了。

　　我想，所謂的「啞吧仔講起話來 TT 吐吐的，越是急越是 TT 吐吐的。」就是我當時的寫照了。最後，我終於完整的講出了：「不要打了，不要打了！」的幾個字了。

　　事後想來，我那個動作，其實也只不過是鴕鳥心態所使然的而已！也是無知與怕麻煩而已。我的無知，是在於我放棄了許多該有也應該認識的，甚至於說是「常識性的」醫學常識，而那是人人都該知道的事，可是我卻不太有能力去接受它，以至於在我的醫學常識方面，就顯得太欠缺的了。

　　三樓的鄰居和我兒子，左右分別架著我坐到沙發上了。

　　119 救護車來了。119 的服務人員說：「你們可以把他扶下樓去嗎？」我兒子說：「他是中風呀，所以最好不要移動他，用抬的好了。」

　　然後我就被抬到擔架上去了，然後我聽到開救護車的在問著：「送那裡？忠孝嗎？」那是一種引導似的問法。

台大急診室

　　「送台大！」那是我老婆果斷的答話，原來她也已經回到家了。而那時，她也央求三樓鄰居也陪她去台大醫院。台大就在我家附近，要不了幾百公尺的距離的。

　　這時，一樓的大門開了，陳太太探頭出來說：「我先生正在值班，有什麼事就『Call』他好了。」

　　我老婆著急的問著：「手機號碼呢？誰有一支筆和一張紙的？」

　　陳太太接著說：「這裡剛好有他的手機的號碼。」陳太太同時也是在大學裡教書的，官式一點的稱呼，理應稱她是教授的。

　　然後我知道我進了救護車。依稀裡，我看到車內的每個窗簾布上，都有「忠孝」兩個字。然後我似乎也聽到救護車的警鈴聲，「喔—伊—喔—」的響了起來。接著我的記憶就沒有那麼清晰的了！

　　然後我就到了台大急診室，經過了又是抽血的，又是斷層掃瞄的，又是打點滴等的，而後就被送到「頭腦部急診室」去安置了。

　　斷層掃瞄出來了，醫生對我的家屬說：「他的中風，並不是很嚴重的，也不是不嚴重的；而且是事發後半個小時內就發現的，所以我們要用『靜脈血栓溶解劑』來治療，這是

一種最快速、最有效的方法；只是這種治療，有百分之十的機會有副作用發生的，那就是會溢血！如果你們同意，那就要簽署『同意書』，我們才會做。如果你們不同意，那麼我們就改用其他的方法治療，慢慢的去復健！」

醫生委婉的話，我聽得清清楚楚的。我一聽到用『靜脈血栓溶解劑』來治療，是最快速、最有效的方法，當下不假思索的說：「那就用『靜脈血栓溶解劑』的方法來治療。」

醫生說：「這是要家屬同意的。」言下之意，我的同意是不作數的。

老婆簽了字，同意如此的做；而這時我卻又有點膽怯了，萬一產生副作用怎麼辦，我就要變成半身不遂了的人了，或者死亡了。不就苦了我的家人了嗎？

不過，後來我又自我安慰著：「我生平行得正立得正的，看在這一點的份上，老天爺會保佑我的。」然後我就反覆的默唸著：「南無阿彌陀佛。」

我知道我唸的是佛教的禱詞，只因我生來還是比較貼近佛教的；人在危急的時候，是比較會有宗教信仰的，會寄託在宗教裡的。如非我幼時最先接觸到的是佛教或者說是道教，或許我會呼喊「哈里露亞」的了。

其實現在才來回想其時間上的程序，我已無法確認何者在前何者在後的了，我也不知道到底是在台大急診室裡急診的，還是直接到頭腦部急診室去急診的了。

我只記得當我的病床前進時，有很多的人都往兩旁讓了開去，連上電梯也一樣的，我感到這真是很可笑的一件事，我甚至於把這種人群往兩旁讓開去的情形，拿來和各國元首

座車的鳴警笛喊讓道的一樣的，似乎那車上的人也是很危急的，值得大家趕快讓道。

　　我被安置在急診室靠窗的位置上，床的右邊有點滴吊著，那注射模組就那麼樣的連接到已插入我的動脈血管裡的針孔裡了，而注射液也一滴滴的往下流去；而這讓我很確切的認知到，我確實是病了，而且病的不輕的。我是真的中風了！

（以上係依朋友的朋友的陳述而撰／
刊台灣時報 2011.04.04／迺萊）

風中不殘燭

　　在急診室裡，有一個最顯眼、也是最常被使用到的地方，那就是水龍頭了；在那裡，不時有醫護人員在清洗其雙手。是凡他們曾接觸過病患之後，在離去前，他們總會清洗一下的。而那水龍頭之外，其旁尚有免洗手溶液及清潔液等的，提供使用。

　　有兩位身穿白色衣服的進來了，有一位年紀比較大一點的問著我：「你知道你在那裡嗎？」

　　我心裡想著：笨蛋，怎麼會問我這種又很笨又很簡單的問題呢?不過，我想他們應該是醫師了，所以我還是很有禮貌的回說：「我在台大醫院。」

　　那人又問：「你怎麼啦，為什麼到台大醫院來！」

　　又是一個笨問題，不是病了，我來醫院幹什麼！不過，我還是這麼的說：「他們說我中風了，要給我注射什麼『靜脈血栓溶解劑』的。」

　　接著，護士小姐也進來了，她說：「你剛打了『靜脈血栓溶解劑』，醫師怕你會有溢血的副作用，所以安排你在急診室裡觀察。我們每十分鐘會量一下你的血壓，我們不要你睡著了，你睡著了，我們會搖醒你；我們在這裡 24 小時都有人在的，你要找我們，你就搖這個。」

　　而自此以後，那束縛在我左手臂上的束圈，每隔 10 分鐘就自行束緊了一次，然後再鬆開，而其高低示意圖就顯示在螢幕上了。

　　我努力的往四周搜尋了過去，而日光燈亮著。雖說醫院裡為了照明的問題，通常是日夜點著燈的；但我確實可以知道現在的時刻是夜晚的，因為我左邊的窗外是黑漆漆的。

　　我不知道從早上到現在，在這麼十幾個鐘頭的時間裡，我是如何度過的；或許我是睡著了，或許我是昏迷了，我不知道。不過，在意識裡，好像當我被推進來這一間的急診室之後，曾有一位護士小姐告訴我說：「我跟你打麻藥，好讓你睡一覺。」我說：「好呀。」然後我就沒有意識了。

　　而現在是夜晚的時刻了，我反而才醒了過來，可見我至少已睡了 10 幾個鐘頭了。醒來，對我來說，那就是意味著，外界的聲音我可以感受得到了。而最早進入我耳膜的，是打鼾的聲音，那是從我的對面傳過來的；而且他的打鼾聲，常常是從一個很冗長的打鼾聲中，突然的中斷了，然後再慢慢的加大打鼾的聲音的，然後再突然的中斷。

　　此外，就是我可以聽到有男人的聲音是如此的，有點囁嚅的呼喚著，聲音是太混濁了，所以我必須仔細的傾聽，幸好他的聲音是一直如此的反覆著的，所以我才可斷續的分辨著：「阿妹ㄚ，阿妹ㄚ，嘻嘻哈哈。……汪仔ㄚ……，阿妹雙手拿雙花，我叫伊是阿妹ㄚ。」私底下，我猜想這個老男人，八成是被「小妖精」迷住了；或者他是在懷念著他的青梅竹馬的情人了，所以他才會那麼樣的不停的呼喚著。而那聲音應該是來自於我對面的旁邊來的，但是我看不到他的床

位。

　　我再往前看過去，前面的一床是有人在的，那聲音就是如雷響著鼾聲的那位了；而他的隔壁，就是那位叫著阿妹Ｙ的老男人了。我往右看過去，右邊的一床也有人了；而那一床，這時相繼有護士小姐圍了過去了。有一位護士小姐警告著說：「他很兇哦，力量很大哦！昨天我們非得有 4 個人才能幫他翻身的。他還會踢人哪！要好好的把他的腿壓住，否則他就會踢人哪！」

　　原先說話的那位護士小姐招呼著阿公說：「阿公，翻一個身，翻一個身 ─ 。」感覺上，似乎那 4 位小姐是在合力協助那被稱呼為阿公的人，在做翻身的動作。

　　「嘖，嘖，嘖，妳要死啦，會痛耶，幹 XX 老 XX。」那被喚為阿公的人，一面叫著一面罵著。

　　而那位護士小姐則放低聲音，懇求著說：「阿公Ｙ，失禮啦 ─ ，失禮啦 ─ ，我不是故意的，阿公Ｙ，你愛原諒我啦 ─ 。我們也是要讓你快點好起來啦，失禮啦 ─ ，莫要生氣啦！」

　　進到急診室裡，這還是我生平的第一次呀；但我無暇認識這裡的環境。我只約略的感覺得到周圍的環境，那就是只有呻吟聲與打鼾聲；我只覺得這個急診室的面積，就如同以往小學裡的教室的大小一般而已的，我不知道我為何會用 5、60 年前的經驗來比擬，或許是在炫耀自己的經驗一般的。

　　過不久，我聽到「啪啪啪」的聲音，那聲音既響亮又刺耳的。我在心裡滴咕著，強烈的日光燈在我的眼前照耀著，又加上那「啪 ─ 啪 ─ 啪 ─ 」的聲音，我想我是沒得睡

覺的了，幸好我也沒有什麼睡意的。何況，我還不知道的，對我來說，我還不知道大夫會給我什麼樣的妥當的治療或折磨的了，或者什麼觀察的了。而那個「啪——啪——啪——」的聲音，就是護士小姐在為病患拍痰。之所以要拍痰，是因為這些病患，其喉嚨內有痰，並且卡在其喉嚨中；所以要為其拍出來，以免病患窒息而死掉。

　　「阿公『醒』起來哦！阿公『醒』起來哦！」那護士小姐又急切的說著。

　　這時，阿公或許是已翻了身的，或許是知道自己錯怪了別人的；他顧左右而言他的說：「妳不要來這一套啦，妳這一套已經不流行啦！沒路用的啦！」

　　那位護士小姐說著夾雜著國語的台灣話說：「阮也不是『挑直』的，阮也是愛你緊一點兒好起來。」

　　然後她又說：「我昨天聽到阿公跟我說著『足感心』的，我真的很高興耶，他那麼兇的人，竟然也會講出這種感激的話語，害我高興了老半天的。」

　　「他是客家人嗎？」

　　「他說他不是耶，他是嘉義人，但是他會用閩南語，也會說客家話的，他說他很小的時候就從大陸過來這裡的。」

　　「客家話裡，『阿妹Y』是指『媽媽』呀！哎唷，他竟叫我媽媽呀，我真不知道是該高興還是該傷心的了！」那護士小姐又以驚訝的口吻說著。

　　而我在這邊暗自默默的跟那位護士小姐說著：「稱人為媽媽，那是對人最偉大的推崇了，想想這天地、這人類的，如果沒有媽媽，那麼難道還會有人類的存在嗎？甚至可以

說，這天地萬物的，沒有了母性，沒有了陰性的，所有的動植物就無法繁衍下去了！」

可是那護士小姐又幽幽的說：「可是，我昨天問他的太太說，他喊『阿妹ㄚ』是不是在喊叫他的媽媽ㄚ？他太太卻說不是，他的媽媽……」

那護士小姐底下的話，我就聽不清楚了；其實這也真該被疵議的，我這個自認為具有崇高品德的人，竟然在這裡，為了記錄這次的事件，而 Over hear 他人講的話，這真是不應該的。

不過，我又想著，至少我不是拿著錄音機，一字不漏的在錄音的，而那種錄音的作法，就只要按一下按鈕而已，何況我是用曾用過的筆名發表的，我是不匿名的在對外發表的，而由那筆名是可以追蹤到我的人的，因為那筆名至少也有發表過幾百篇首的文章了。而這種「對外發表」，也是一種負責任的態度，因為我不是偷偷錄了音，然後去密告他人的不是，以打擊異己謀取私利；我主要的用意是在對醫護人員的任勞任怨的記錄，也是私底下對他們的敬仰與感佩。

而自此以後，那位護士小姐在治療那位阿公時，雖然她依舊是很專業的、很用心的，也很認真的在做觀察報告，卻已不再流露出那份淡淡的母愛的自信、天性與真情的了。她也沒有了那份揚自她本身的自負與驕傲感了。

有 3 個人到了我這個床位旁邊來，其中有一位較年輕的說：「X 主治醫師來看你了！」說真的，我真的沒聽清楚主治醫師他姓什麼的，印象裡，好像認為他姓黃的。平常時候的，我對人名與那個人的影像，本來就很難合在一起的，因

為人名都是很抽象的概念，並不像胖、瘦有具體的形象可以聯想，加深印象。

那位大夫這麼樣的說著：「你抽菸哦！」

我說：「是呀。」

那位大夫又這麼的說：「不要抽菸了！你抽菸，才會這樣的。這一張預防中風的方法給你看，你出了院就要照著做，不然你會很容易第 2 次中風的。那時就不能再用『靜脈血栓溶解劑』去治療了！」

然後他又自問自答的說：「你知道你是 1 月 1 號進來的嗎？」

我說：「我知道，大年開頭的，1 月 1 日的；不過，也好啦，大年初一的就來體驗生老病死的，也是經驗啦！」

接著那位大夫又向我趨近過來，他把他的手抬起來說：「看我的手。」可是，他的手在我的面前晃動著，確實是面積太大了，以至於我無法集中焦點去注目著它，而且說真的我也不知道他到底是要我做什麼的、有什麼用意的。

可能是他看出我的困擾所在，所以他把一支筆停留在我的眼前說：「看這一支筆。」然後他又一面把筆左右的移動著，一面又說：「看 —— 這一支筆。」可是我確實不知道，我該看筆尖還看另一頭，我的眼球是否有跟著那支筆在移動著，似乎我的眼球也找不到焦點了。大夫接著說：「情況不錯，有反應！」

護士小姐說：「你有空就讀一讀那一張預防中風的方法好了。」

「可是，我沒有戴眼鏡呀，很難看清楚的。我看我就帶

回家再看好了。」

　　懵懂中，我似乎又睡著了，我也不知道我睡了多久的了；我再次的醒了過來，是因為那熟悉的聲音：「阿公，翻一下，翻一下！」的護士小姐的呼喚聲才又醒過來的。

　　「呀，不要啦，會痛耶！」老人拒絕著。

　　「阿公，你幾歲了？」那熟悉的，常在閩南語中夾雜著國語講話的護士小姐問著。

　　「我 85 啦。」

　　「咦，他還會抬起手來擋我呀，他怎麼那麼兇的防備著我呢！」有一位護士小姐的聲音，聲音裡有點怪責與磁性。

　　「哎，8 成是他第 1 天進來的時候，妳幫他翻過身，翻痛了他，所以他記得妳了；他一看到妳就防備妳了！深怕妳又翻痛他了呀！」那國台語夾雜使用的護士小姐，有如先知一般的說著，她的嗓音是比較輕脆的。

　　「阿公，我們也不想要把你翻痛的呀，如果真的翻痛你了，我們對不起你。但是，你也不要罵那種『三字經』的話呀，沒有人喜歡被你那樣的罵的呀！」那聲音裡有點磁性的護士小姐說：「如果你怕被我們翻痛，那麼你就自己翻身好了，可是你又不會自己翻身。」

　　「好，你罵我們把你翻痛了，那你自己翻身好了！可是你又沒有力氣去自己翻個身！」有點磁性的護士小姐又重覆的說著。

　　「唉唷喲，痛耶！」那阿公又大聲的叫了起來。

　　「痛耶，那裡痛？……那是哪裡！」一位護士小姐問著阿公，後來可能是知道得不到答案的，所以她轉過頭來問她

的同事。這個急診室大概有數張床的,有護士小姐多人並分白天班、大夜班、小夜班的,輪流的照顧著這裡的病患。

「那是肚子!」她的同事如此的答著:「他的兒子說他有長期服用保肝丸的習慣,就是那種第四台賣的成藥。」

「怪不得他的皮膚那麼的黧黑!」

「會不會有腎臟病?」

「阿公,你叫什麼名字?」

「林義芳。」

「阿公,你的生日呢?你幾年生的?」

「我 14 年生的。」

「你幾歲?」

「我 85 了。」

「你厝裡還有什麼人?」

「咦,阿公,你會抽菸哦。」

「一天抽多少?」

「咕嚕咕嚕」聲,一聲聲的傳來,只聽對面床舖的護士小姐招呼著:「阿伯,我跟你抽痰!」接著只聽到「呼嚕咕嚕」的抽痰聲了。

「我爸的痰好多唷!」說話的是他的小女兒;我所以知道那是他的小女兒,那是因為昨天我曾聽過她的聲音。

昨天,當會客的時間到了的時候,她的姐姐說:「爸爸,我們要回去了,你要遵照護士小姐的話哦!」而妹妹則說:「爸爸,我們要回去了,我們明天還要上班。我明天下了班再來看你,等你好了,我再帶你回去一起住!」

「爸爸我要回去了,我明天再來看妳!」她的女兒的懇

切語調以及其中所蘊含無限的親情關懷與有些許的生活上的無奈語調，令我為之動容。但從她對她的爸爸的呼喚以及和她姐姐的對話互動中，也可概略的勾勒出她是和他的爸爸一起住的，而且她還要每天上班的；雖然她還有一位姐姐，大概是嫁人了。

「我爸的痰好多唭！他的痰怎麼會那麼的多？」小女兒說著，有些許訝異與不解。

「他抽菸！」護士小姐說：「抽菸的人，痰會很多的！」

「他一天抽多少？」護士小姐問著。

「1、2包吧！」

「痰要抽出來，他才會舒服的。」護士小姐說。

「各位家屬，現在訪客的時間已到哦，為了你們的家屬能好好的休息，希望你們明天再來！」台大醫院催促著訪客離開的呼喚聲響起了；而在其呼喚聲裡，沒有任何的強制性質的語詞，有的只是殷殷期盼病患的家屬早早的離開，好讓其親屬或朋友能早一點的休息；而就這一點來說，這是一種進步，有人權思想，醫院把人當人來看！

「爸爸，我回去了，我明天再來看你！」那小女兒又悠悠的說著，聲音裡蘊含著幾多的親情與關懷。我想，若果我有這樣的女兒，我也必將疼愛有加；當然，上天給了我幾位兒子了，我應該滿足並予多多關懷與愛護的。

「阿爸，你要堅強哦，你要快快的好起來哦，志明和阿嬌明年要結婚了，你是主婚人哦，所以你要快快的好起來！」那聲音是從那呼喚著「阿妹ㄚ」的那一個床位傳過來的，想來是他的女兒在鼓勵著她的爸爸 —— 喚著「阿妹ㄚ」的那位

老人。

　　「各位家屬，現在訪客的時間已到哦，爲了你們的家屬能好好的休息，希望你們明天再來！」台大醫院催促訪客離開的呼喚聲又響起了，我突然感到輕鬆了起來。那些七嘴八舌的訪客終於將要離開這個加護病房了，我的耳根終於可以得到安寧了。

　　「阿爸，你要堅強哦，你要快快的好起來哦，志明和阿嬌明年要結婚，你是主婚人哦，所以你要快快好起來！」

　　同樣的語調，同樣的用詞又響起了。原本我以爲她們講完這句鼓勵的話語以後，她們將離開這個加護病房的了，而把安寧還給這個加護病房的。可是，當那規勸訪客離開病房的廣播聲又響起來的時候，我突然感到很煩躁。

　　因爲那句：「阿爸，你要堅強哦，你要快快的好起來哦，志明和阿嬌明年要結婚，你是主婚人哦，所以你要快快的好起來！」同樣的語調，同樣的用詞又響起來了，而這是多麼令人不快的事呀；即然要她的親人快快的好起來，卻是一而再的耽擱了離開病房的時間，不讓病患早早的休息，又對醫院方面一而再規勸離開苦口婆心的話語，置諸於腦後，這不是很自相矛盾的嗎？

　　我一直在想著，人不是要等到親人生病了之後，而才在病床旁邊多陪一些時間，流露出依依不捨，才叫作『孝順』的；所謂的『孝順』，應該是平常時間裡的問省了，生病時的關懷。

　　後來又經過醫院的規勸廣播了許多次以後，那呼叫著「阿妹ㄚ」的病患的家屬才離開了急診室！真是感謝上蒼的，我

的耳根終於可以清靜了。

在急診室裡，其規定是病患不能下床的；即使要大、小便的。我在急診室裡觀察了3天，然後才換到普通病房去。我真的忘了，我在急診室是否有大小便的，而又是如何處理的。而在普通病房裡，在那裡的病患才可以下床的；或許是因爲我已經沒有感覺到自己有任何的不舒服了，所以當我搬到普通病房去以後，凡事我都自己處理了。

當我年齡開始老大以後的，每與人交談時，就常會談到「養生與健康」的，又加上電視與網路的養生談話節目，所以我很早就知道老年人的一舉一動，都要緩慢一點的；我第一次爬下病床，是在兩腳先行置放在地上，在去除麻麻的感覺以後，才又扶著床沿，然後才慢慢的一步一步的走路的。

我第1次下床時，我的頭還真的會感覺有點暈眩的；我對於走路的感覺，似乎又恢復到嬰幼兒期學步一樣的了，我猜想。然後我開始在那一樓層裡東走西走的：黃昏裡，我就在走廊上看那大雨滂沱；夜晚裡，我在走廊裡看整個台北燈火通明的夜景。似乎，人生的一切，都離得我好遙遠好遙遠的了！

我算是很幸運的，我的病情確實恢復的很快；那或許是因爲我受傷不重，而且在短時間內即行送醫，而且使用了『靜脈血栓溶解劑』的情況非常的良好，而這一些狀況，都有助於我的癒後康復。

大概是在急診室的第二天開始的吧，有一位女醫師，看起來是很清秀的模樣，她就由原先的那位年輕的黃醫師陪同一起進來的；後來，從出院後的回診預約單上，我才知道她

是蘇真真醫師。

　　蘇醫師第一次進來，就問著我：「你知道你是怎麼進來的嗎？」

　　我說我知道，然後我就斷續的從那天早上的曬冬陽、黑狗、三樓鄰居的大聲呼叫，以及陳晉興醫師等的一一的提到。雖然話語很累贅，但我知道我是那麼順著時間的先後說的，我無法只截取其重點。陳晉興醫師對我來說，他是鄰居，也是朋友，其實他的醫師身分對我來說是不具任何意義的，在我中風以前，所以我連他是什麼科的也不知道！

　　蘇醫師又劈頭就問我說：「你有沒有痰？」

　　我說：「沒有耶。」

　　蘇醫師又問：「有沒有排洩，排洩正常嗎？」

　　我說：「正常。」其實，我真的不記得我是否有過大、小便的，以及如何處理的。

　　蘇醫師又說：「我們還是給你開了軟便劑。」

　　我一想到我的大便是正常的，所以我就問說：「有需要嗎？」

　　蘇醫師說：「以防萬一啦，何況那是沒有副作用的，只是讓大便較容易排出來而已，免得太用力了，血管又破裂了。」

　　而這，讓我才意識到，平常裡最不被重視的痰呀和大便呀、小便呀的，在這急診室的天地裡，反而是頭等重要的大事了。而那些平日裡，人人所追逐的名利權位、勾心鬥角、逢迎拍馬屁、欺壓魚肉屬下，又存在於那裡？佛教所言的生老病死之苦，俗話裡粗鄙的詮釋人生的吃喝拉灑；一旦掉到這急診室裡來，那麼那些痰、屎、尿就是一切了！就是天地

之大了，處理不好的話，就是嗚呼哀哉、一命歸西天了！

　　在急診室以及普通的病房呆了一段時間以後；在有一個夜晚裡的，當我醒了過來，我發覺人生的下半場就好像才剛要開始一樣的，而且自此我不再抽菸了，我把那相依數十年的香菸戒掉了。

　　　　　　　（以上係依朋友的朋友的陳述而撰稿／
　　　　　　　刊台灣時報 2011.05.15-16／迺萊）

「音樂・舞蹈與運動」輯

我賺了一個女兒

　　在可退休的年紀形將到來之際，我曾事先的估算將來的退休生涯該如何的打發；雖說我可以重拾在一、二十年前，我曾經瘋狂過的寫詩、寫小說、寫散文、寫兒童文學或評論等的事情，在退休的生活上，本已可過得充充實實的。

　　當時，在那一段瘋狂寫作的歲月裡，為了捕捉心中的文思泉湧或是內裡的感動、悸動，我曾挑燈夜戰的聽著子夜小販的叫賣聲，也聽著黎明的晨雞的叫曉而了無睡意，而當時對寫作的嗜好，幾乎佔據了我整個的公餘之暇。然我仍計畫去培養一個動態的活動，以便在退休後，能在生活上不僅有靜態的活動亦有動態的活動，而能達到動靜和諧。

　　這是專家說的，你我的筋骨祇有適度的運動才可以維護其柔軟度、肌力與耐力。我們的運動，可以去打球、登山、健行、游泳。曾有一段的期間，在每個假期裡，我都和服務單位的登山隊、野外雜誌或其他的登山團體到處的跑，並且我也寫了一些山野相關的文學，而那是另一段瘋狂的歲月了，是屬於山癡歲月，那是登山、登山、再登山的歲月。

　　於今，我久已不知道原野的風味了，自很長的時間以來，那是當我的子女聒聒落地後，為了悉心的照顧他們，我祇得安心的窩在家裡。及至子女長大就學以後，又為了給予子女

適當的關懷，同樣的，我依舊有窩在家裡的需要。

而當我的子女均已長大，毋須我過多的呵護與嘮叨時，我本可再去登山；但我卻嫌身處水泥叢林之中，要踏青就要靠舟車了；何況去登山的野外活動，有時也會受限於天候影響而未能去登山運動的，而就因考慮這種理由，所以我就加入了健康俱樂部。

當我老婆帶著我走進了ＸＸ俱樂部之時，我仍一如鄉巴佬的、怯生生的不知所措的，一切都是那麼的陌生與不明朗的。幸好，我老婆早在兩個月前就先加入了這個俱樂部，她多少總是摸熟了一些該知道的事了；所以一切就依她的了，我仔細的聽著她的介紹，比如跑步機如何的操作，開水又在哪邊，三溫暖又在哪裡，而有氧運動教室又在哪裡，課程與道具又如何，或者該到更衣室換運動裝以後，再去運動等的規矩。

剛上ＸＸ俱樂部時，我熱衷於跑步機上的跑步與快走，那時耳際偶然會傳來震天的吶喊：「嗳！嗳！嗳！」或者「一、二、三、四……」的，我在心中納悶著哪來的運動，造成如許一致的吶喊聲，真夠令人振奮的；我好奇的走過去瞧它一瞧的，那是大家都在騎著那形同腳踏車，而他們稱之為「飛輪」的東西。我想一想的，我在童年之時，我還經常的騎著腳踏車到處去亂跑的；既然飛輪也祇是踩踩腳踏板而已的，又怎能難得倒我呢？因此當我摸熟了跑步機以後，我就迫不及待的去嘗試騎飛輪的運動了。

騎飛輪和騎腳踏車還是有一點點區別的，騎腳踏車最重要的是掌控住方向，其踏板的輕重就端視路面坡度的大小而

定了，而騎飛輪卻是多上了幾圈的旋鈕以後，踏板就變成沉重不已的，所以體力與耐力不夠的人，還是要多費思量的好，不要鎖的太緊，以免騎不動。我仔細的聽著教練的指導與口令，遵循著快慢的踩踏著，突然那熟悉的「嗳！嗳！嗳！」的吶喊聲又響了起來，我偏過頭一看，祇見那是一位身材高眺的，紮著馬尾髮，膚色帶點淡咖啡的女郎了。依著配樂，她又專注的、心無旁騖的，講難聽一點的話，她那是目中無人的在嘶喊著，而那叫聲的激昂、高亢，套一句她後來自己講的話：「那是中氣十足！」

在她激昂、高亢的嘶喊之下，大伙兒不禁也要燃起一股堅毅與耐力了，大家都精神百倍奮力的踩動著飛輪，踩完了一曲又一曲的。而在那一天，及至下課以後的，我仍意猶未盡的沉醉在踩動飛輪的興奮之中，並且祇以為那真是一件很好玩的事情，卻沒把教練的叮嚀：「洗澡時，要多用熱水去沖沖大腿和小腿，有空也要多多的按摩一下。」當成一回事看待。

次日醒來，我兩腳一翻動的，我的媽呀，那兩條腿哪是我的，那是既痠又痛的腿；而在此時我才發覺我不在意教練講的話，真是吃虧會在眼前的。

後來，我一方面隨時的找機會按摩雙腿，另一方面又多多的休息，如此的過了沒兩天的，我的大小腿才又不痠了，而我又迫不及待的揹上背包去騎飛輪去了。那天人沒有很多的，在上課一會兒以後的，我發覺有人騎在我左邊的飛輪，我偏過頭去望了望，原來是紮著馬尾的女郎，她友善的衝著我笑一笑的，我也淺淺的回她笑一笑。

　　有一天，我又想騎飛輪了，可惜全被登記光了，我好失望的在門口探了探頭的。如果我看得到我自己的話，我相信我一定是把「失望」兩個字寫在我的臉上了。此時突然傳來一串熟悉的聲音說：「爸爸，進來，前面還有位子！」我知道那是紮著馬尾的女郎的聲音，而她正回頭衝著我笑著，可是我不敢斷定她是在叫著我的，我左右的看了一看的，除了我以外，這裡並無其他的旁人了。

　　而她依舊直望著我在笑著，此時我才敢斷定她是在叫我，而且是叫我為「爸爸」的。我依循著她那帶著一點兒命令的口吻走進了教室：「我騎這台，妳騎前面的！」她二話不說的下了車，但原在她旁邊的一位留著平頭的，蠻清秀的男士，卻嘟嚷著說：「為什麼？」我看著她轉頭對那男士講了什麼話的，由於她的聲音太小了，我沒有辦法聽到她到底說了什麼樣的話兒。那一天，她依舊不時的中氣十足的「噯！噯！噯！」的吶喊著，一直到了下課。

　　自從那一次她讓了我車子騎，我並沒有向她道過謝，其實我內心裡卻飛著一股她叫我為「爸爸」的暖流；回到家以後，我把紮馬尾的女郎稱我為「爸爸」的這麼一回事，告訴了我的老婆。不久，她和我老婆也開始打招呼的了，又不久的，她也介紹了她的先生，那也就是那位曾嘟嚷著：「為什麼？」的那一位男士。

　　或許我們真的有這麼一個緣份的。哪個社會學家說的：「有共同的興趣，會發展成為團體意識，而團體意識就會讓團體內的各個份子，大家安詳的和諧的相處在一起。」

（刊於 2002.06 瘋迷 www.aforme.com.tw）

葉石濤與音樂素養

── 葉石濤前輩逝世紀念文

　　文學素養的養成，就是要打開心靈的視窗，多讀一些世界文學名著及本土作家的作品，並從閱讀以汲取世界文豪對人生的禮讚、對大自然與所有生物環境的關懷，對中、下階層的體恤等；也汲取本土作家對台灣這一塊土地及其人民的關懷與愛心，與作家共同的體會經驗、感受與感動，此亦為人文素養的培養要件之一。尤其人在年輕之時，心靈仍是一張白紙，更易受到感動；而應趁著年輕，在有豐富的感情、有充沛的衝勁、有熱烈的希望、有豐沛的夢想之時，去體會文人筆下的人物，感受其作品中的勇敢、奮鬥、關懷、智慧與愛心，相信對他將來的人生體驗會有很多助益。

　　多讀書以後，如果對寫作仍有興趣，則不妨多多的寫，將被觸動的心靈感受，以心靈去觀察，以筆觸去書寫；並多多體會人生，用生活、用愛心與關懷，去看整個世界、去看待人生、去看待他人。而如果「不幸」而成為作家，那麼能不能成名或立足於文壇上，就不用太在意的了；因為成功與否有時是際遇問題，並非單憑個人的才華與奮鬥就可一蹴而幾的。

　　何況一時的未能成名，並不代表欠缺豐厚的文學內涵，無生命力，無慈悲關懷心與人文精神的，有時那只是還沒有被發覺罷了。所以要成為一位作家，就要有生活的體驗，要多讀多狩獵世界文學名著與本土文學的作品。再就諾貝爾文學獎的頒獎來看，其中有多少人是幾十年後或已至晚年了，甚至於死後很久，才獲得此殊榮的。

　　所以如果不幸有志為文，那就自己從創作上去汲取自我的滿足吧，言所當言、行所當行，無欲無求，就只要多讀多寫。文學的路很寬廣的，不要畫地自限，要持之有恆的寫，或許有一天就會發現真的是一夕成名的哪！

　　文學作品，除應內具人文思想，在外在的架構上，也應有音樂素養，尤其是對詩歌類作品為然。以小說來說，小說作家如果具有音樂素養，並將之運用於小說創作上，自有相當大的助益。而其助益，簡單的說，可分為二方面的：其一是運用對小說人物的日常語言、聲音等的描述，可強化人物的差異性；其二是通篇小說情節的安排，要注意到抑揚頓挫的音律，要有高潮迭起之勢，如此才會引人入勝、扣人心弦。

　　也就是小說作家運用對人物的日常用語、聲音的描述、喜愛的音樂、愛唱的音樂等，也是反應小說人物個性的輔助描述，可強化讀者對小說人物的個性、心理狀態與行為的瞭解，而由場景的音樂、場景裡的聲響，亦可營造出所需要的氣氛；此外在不同的時空裡，由於人物在情緒上的變化，對其用語、聲音亦會有所差異的，對音樂的好惡也會有所改變的，將其一併的表達出來，自是對小說情節的演進亦會有所幫助的，並且也可以增強其氣氛與氣勢。而且，除非是特殊

角色或特殊情節的描述以外，凡在創作時能多多考慮到音韻，考慮到抑揚頓挫，自會加強小說創作的可讀性；亦即在陰柔的小說裡要多使用一些輕聲、一、二聲的字辭，而在剛強、戰鬥的場景裡，則要挑選三、四聲的字辭為佳。

　　再就通篇的小說來看，其情節有者是波濤洶湧，有者是高潮迭起，有者是平順自然，而其銜接、變換、貫串、佈局，也與樂曲的創作原理是相通的。

　　葉石濤一生，積極從事短篇小說之創作和文學評論，而在小說的創作上，他認為作家應多多研讀哲學，因為哲學為基本學問，是一切學問之母；其次應多多聆賞音樂，甚至習琴、習樂，使自己更有音樂的素養。本文以下就葉石濤與音樂的因緣，以及他對音樂在小說創作上的看法，來探討音樂在小說中的地位。

　　葉石濤在進入台南州立第二中學以後，他有一位日本老師的家裡有電唱機，也收藏許多唱片，同時還有許多文學、哲學、音樂等的書籍。而這一位日本老師本身也頂喜歡文學的，他知道葉石濤愛讀書，並且認為讀書人都該有音樂素養，所以就常叫葉石濤去他家欣賞唱片和看書，接受音樂和文學薰陶。而此時他除聆賞許多音樂以外，也閱讀許多世界文學名著，尤以法國和舊俄時代的文學為最多，同時他也廣讀社會科學和社會主義書籍，他真是一個典型的文藝青年。

　　葉石濤從他十五、六歲開始的，他就自己也擁有了電唱機，這時他也常買一些唱片來欣賞，其中包括蕭邦的 24 首前奏曲。而那時他對唱片都是整套買回來的，而買回來以後，他就一片片、一曲曲的欣賞著。因此他對法國浪漫派的白遼

士（Berlioz）、拉威爾（Ravel）、德布西（Debussy）等的法國音樂家的曲子都曾欣賞過，甚至連芬蘭的音樂也欣賞過。可以說葉石濤幾乎聽過了所有的世界名曲。

他記得貝多芬交響曲，他起碼就欣賞過兩個曲子了，而那就是田園和命運二曲了。他說：貝多芬的第 1 到第 9 交響曲，其中有的很是沉悶，像第 9 交響曲就是如此。而貝多芬的交響曲，也就只有合唱的那一部分比較動聽而已，其他的樂章他聽了都會想打瞌睡的，這是因為他比較欣賞 classic 的，他很少欣賞別的樂曲。

葉石濤開始欣賞音樂，他啓蒙得很早；而且他在小學教書的初期，又有一位 18 歲的日本少女教過他彈鋼琴。當時，他曾從《拜耳教本》，一直學到貝多芬的〈月光奏鳴曲〉，他每天都要練上 3、4 個鐘頭，直到他被日本人征兵入伍才中斷掉，所以他的正式習琴，大約有一年的時光。

葉石濤聽過很多世界名曲，甚至於冷門的芬蘭樂曲或者少為人知的江文也的音樂也是。在日本時代裡，他曾聽過江文也的三個舞曲，其一是原住民的歌做藍本的，其二是孔子廟的音樂，其三為交響詩。

他認為孔子廟的音樂不好聽，因為那是江文也到北京的孔廟去錄下來的，不是他創作的作品，而那曲子也只是經過整理而已的。在日本的時代裡，他就曾買過江文也的唱片了，而他也知道江文也是台灣音樂家，是在奧林匹克得到音樂大獎的音樂家。

但是江文也其實不是台灣人，他的家人是廈門人來台經商的，所以他讀過淡水公學校，後來他也去過日本，然後回

到他的故鄉廈門去，就沒再來台灣了。江文也在台灣也只不過有 7、8 年的時間而已，所以他自認他是中國人。江文也所以自認他自己是中國人，那是因為日本人排斥他也有關係的；做為一個作曲家，江文也在日本是沒有辦法站穩他的腳步的，因為日本人的種族歧視很是強烈，只有一些知識份子才比較不歧視而已。

葉石濤說：小說的音樂性和小說結構是相當有關係的，也和文字的優不優美有關係。而小說裡有無音樂性，和作者有無音樂的天份是無關的。有的小說比較有音樂性，譬如普魯斯特的《追憶似水年華》就是一個例子，它是把時間和空間截住了，而呈現出時間之流逝和空間的變化。其他的還有羅布‧格利葉，那是法國的反小說、新小說，在那種荒謬的小說裡都有一種很奇怪的音樂性存在著。

所謂奇怪的音樂性，就是不諧和的，其場景和人物脫離了關係，而世界也是荒謬的存在體。並在那種荒謬之中，存有著一種微妙的音樂性存在，就像德布西、佛瑞的音樂一樣的。而羅曼羅蘭原來就是音樂專家的，他寫的《約翰克利斯朵夫》的模特兒就是貝多芬，所以他在寫作時或許會不知不覺的連想到貝多芬的音樂，因此他的筆下就有貝多芬的雄壯音樂的韻味了，而那就像流水一般的貫穿在小說裡。

基本上，作家有好的音樂素養，對其文學作品的創作是比較會有音樂性的，所以音樂素養對於作者的作品是有幫助的。而音感的表現就像小說一樣的了，對音感的描寫來說，張愛玲就是一個很厲害的人了。

而所謂感官的描寫，是指作者眼睛所看到的、耳朵所聽

到的、鼻子所嗅到的，都一起的描寫了出來。而當描寫一個人的時候，因為還沒有看到那個人時，或許就會先聽到他的聲音，所以就先描寫那個人的聲音；而等到那個人來到了以後，就是看得到那個人的樣子，則就要寫他的面貌與表情了，而這就是視覺性的描述；此外的，也還應該描寫對其聲音的感覺了，也就是他講話的聲音是如何的呢？是急躁、粗獷、堅定、溫婉、大小聲或嗲聲嗲氣等的語調。然後再寫鼻子聞到的味道了，比如：女性有無女性的體香等，都一併的傳達導引給讀者去品味。所以在描寫人物時，對感官上的感覺也需要一併描寫。所以對那些音樂、美術都和文學作品有關的，都會有其共通性與互補性。

在今天台灣的作家們，其作品多少都有一些音樂性的。不過，對音樂一竅不通的作家來說，其作品就缺少音律性了。而在文章中也不應像流水那麼樣平平順順的，而應該要有感情的起伏、人物的變化的。

然而，如果真要成為一位作家的話，其第一要件並非音樂素養，而應是哲學素養。要當一個偉大的小說家，是要多讀哲學書籍的，不只是唯心論的哲學，連馬克斯、恩格斯等很多左派的哲學也要去讀。一個人若沒有讀過盧卡齊的左派文學論，他就不能夠瞭解到整個的世界文學潮流。所以作家的基本學問就是哲學，其他如音樂、美術、文化等也要多多的狩獵；也就是說作家們的素養是要具有多面性的，而其創作的領域才會更加廣闊；作家的素養也會越多面性的，而作品內涵也才會越加的豐富、廣泛、多元化，而且更能精準的掌握住，那麼他的作品才會更為具有豐富性與多姿多彩化的。

參考資料：葉石濤與莊紫蓉之對談

（2009.02.18 成稿／刊《文學台灣》
第 70 期 2009.04.15 夏季號）

愛・性與神秘

── 印度舞與中東肚皮舞

　　印度舞已傳承了七千年之久，該舞蹈乃是為「祭神而歌、為神而舞」的歌舞。在印度民間，他們認為印度舞是由伯萊罕神所創造的；所以舞者都很崇敬神，並自稱是神的僕人，而以其曼妙的舞姿去取悅於神。而對一般的百姓們來說，他們也認為那些印度舞者是介於人和神的中間地帶，他們是人神之間的中介。

　　自從印度電影「寶萊塢生死戀」，將印度舞介紹給全球的觀眾以後，經過不出幾年的工夫，寶萊塢式印度舞就在全球流行文化中燃燒起來一股的狂熱風潮，而欲罷不能。而中東肚皮舞是興起於中東；大概是在西元前1千5百年前古埃及壁畫中即可以見到肚皮舞孃的描繪了，可見其歷史也很古老。而到了土耳其奧圖曼帝國，此舞也成為後宮繽妃擅長的宮廷舞蹈了。對於中東肚皮舞來說，其阿拉伯名叫 Raqs Sharqi，其土耳其文叫 Oryantal Dans，這都是東方之舞的意思。而對於中東地區的人而言，這樣的舞蹈是來自於東方的印度。

　　不管是印度舞或者是中東肚皮舞，其所展現的舞藝，都

有一股「愛與性」的蠱惑力，尤其是在印度舞的展現上更為細緻，而且印度舞蹈原係為崇敬神而舞蹈的，所以更是深具濃烈的神秘感；而在中東肚皮舞，那是來自於陌生的中東，也令人有想要一窺堂奧的神秘感，因之本文就以「愛‧性與神秘」為標題，並詮釋印度舞與中東肚皮舞。

印度舞之源起、特質與風行

　　印度人是眾所周知能歌善舞者的人，他們每遇到有傳統節慶到來，他們往往就會有印度舞蹈的熱烈演出伴隨著。而印度舞者在跳舞時，通常也會穿上華麗的衣服，抹上厚重的濃妝，他們慎重其事的將其視為藝術和敬神儀式的合一體。因為在印度的民間總是這樣認為：印度舞是由伯萊罕神所造的（伯萊罕神是印度的眾神之一）；所以印度舞者都很崇敬神，而自稱是神的僕人，而且以其曼妙的舞姿去取悅於神。而一般的百姓也認為印度舞者是介於人和神的中間地帶，舞者是具有半人半神的屬性。

　　世界上有許多舞步都在求新求變，以因應符合現代社會快速變遷的潮流，但是如果細細品味印度舞，卻能發現印度舞並不太需要複雜舞步，而卻能在一舉手、一投足之間，就以幾個簡單手姿，再加上一些細微的嘴唇線條上的變化和眼神的流轉裡，就能傳遞出萬種風情、激動人心！印度舞是包括印度各地方不同的傳統舞蹈，以及寶萊塢印度舞的統稱；但是，寶萊塢印度舞卻是許多傳統的印度舞及各種流行舞蹈（包括 hip hop 等）的融合體。

　　印度舞已傳承了 7 千年之久，是因祭神時為對神表達崇高敬意而舞蹈，乃是為「祭神而歌、為神而舞」而來的舞蹈。在當時的為祭神而舞蹈，那是興起自民間的信仰，然後逐漸擴及到印度全國各地方。對印度人來說，舞蹈不僅是一種藝術，也有宗教涵意存在著；而且，有一些地方的印度舞，是只有在廟裏表演給神看的，外人很難窺探其堂奧之妙，而這也是印度舞，所以以神秘著稱的原因了。

　　印度舞主分為：北印度舞（Kathak）和南印度舞（BharataNatyam）二種。北印度舞的音樂為 Hindustani，而南印度舞則採用了 Carnatic 的音樂，兩種音樂的節奏和旋律不同，所表現的形式自也有不同。跳 Kathak 時，腿須筆直的，身體曲線始終要保持著流線形；而跳 BharataNatyam 時，除腿可以彎曲外，其身體幅度的變化也很大。而在文化傳承的沿襲下，以地區來看，其地方舞蹈的種類竟多達一百餘種之多，而迄今則有 8 個地區的舞蹈較受到矚目：如奧里西舞、卡塔卡利舞、婆羅多舞、卡薩克舞、曼利里舞、摩希尼亞坦舞、酷奇普地舞和超好（西孟加拉）舞。但是所有的各種印度舞皆是韻味十足、曼妙嫵媚的，而且各有其特色的：如婆羅多舞是屬於剛勁有力的風格；而曼利普裏舞則是很優雅緩慢的舞步；至於卡塔爾卡里舞，則講究用誇張的面部表情和手姿去傳達表情和感情。

　　印度舞是宇宙永恆運動的象徵，具有五種屬性，分別是創造、謬誤的毀滅及真理的光大、保護、戰勝邪惡。而印度舞則是強調化舞蹈為柔軟與剛強兼並的極致之美，它係以身、心、靈合一，以眼為媒介，把意念舞動成無數個的剛勁

與柔順的力量；而攀爬上檀木薰煙築成的裊裊，貫穿了天、地、人3界，以展現印度人的敬天重地、崇慕自然的原始生命美學。

手姿是印度舞蹈的精華所在了，有人說「其中單手姿有28種，單手姿根據表演的要求，組成的複合手姿，大約仍有23種」；也有的人說有「達百來種」之多的。但不管其說法如何的，每一種手姿皆有其意涵及典故存在的，每一種的手姿都有其特定的意義，如有的手姿代表著美麗，有的是代表和平，有的是代表生氣，甚至有表示醜陋的手姿等。對印度人來說，他們相信手姿是人和神交流的符號，而不同的神喜歡不同的手姿。另外，印度舞要保持著微笑、頭動、腰動、腳動，眼睛也隨之轉動，而這就是印度舞的精髓所在了。

在印度舞蹈裡，舞者其身體的各種姿勢和手姿的互相關聯，其數量和種類的變化是多端的，而那就成為約定成俗的規範了。那些舞者依靠兩手腕和手指的細緻動作去傳達感情，其節奏悠緩而典雅，乃構成了豐富多彩的印度舞蹈的特色了，展現出舞者無窮的肢體藝術的魅力。

印度舞的特色，在於富有靈性上的意涵，是描述出虔誠者與至上者間的充滿愛與喜悅的關係。它的手韻和身韻是繁複而優雅的，其節奏明快而又富有變化，而其肢體的動作則強調出一份對稱與平衡感。印度舞之藝術，是結合了「形體美」、「造型美」、「舞姿美」及「健康美」四者的舞藝；在我們欣賞印度舞時，每每可以見到舞者風格獨具的服裝，精心設計的手鐲或臂環等配件，而在其化妝上則是以黑色眼線之勾畫最是令人陶醉的了，而蒂卡（Tika）頭飾也是頗為

引人注目的配飾。

　　基本上，印度舞有 3 項特色：那就是表情、眼神和手語了。其表情要充分的表達「角色」的情緒；其眼神要與肢體動作合一，所以「活靈活現」的魅力就至爲重要的了。而其手語是用手掌、手指來表達「舞意」的，有其主題的意識，深具「精神性」，而其轉動時之「優、雅、美」感更是頗爲令人回味的。

　　印度舞的美感，主要是來自於手部的變化動作（手印／魔多拉）；而其肢體的展現是柔中帶剛，特別是腰部的基本動作，那是印度舞的用力核心所在了。熟悉其基本肌肉的伸展，不但可以放鬆身體因長期累積的僵硬感，達到身體的柔軟性，也能讓身體的核心肌群更爲有力量；而不同手印的組合練習，與配合身體的大動作練習，就可達到雕塑身材的目的了。將組合的動作應用到舞曲上去，又在印度舞華麗風的音樂聲之下，自可釋放出印度舞獨特的性感媚力風情了。而且在學習印度舞時，可探討印度舞的愛與神秘感，也可擁有更多元舞蹈文化的選擇，在一片追求異國浪漫風情的呼聲之中，可有通往神秘印度古老國度的美麗選項。

　　最近有一部印度電影「寶萊塢生死戀 Devdas」，將印度舞的歌舞介紹給全球觀眾；經過這幾年下來，那寶萊塢印度舞，居然在全球性流行文化中燃燒起了一股狂熱潮，瀰漫各地而欲罷不能。而寶萊塢印度舞的舞者們，他們披著金、紅、藍、黃等色彩繽紛的紗巾，那正是「印度舞」炫目華麗的重要元素。而其動作有如行雲流水般的輕盈，揮灑自如，一氣呵成，而其舞步中衣衫漫空飛舞的飄揚感，風情萬種的體態，隨之展現而出，而這就是印度式的性感與浪漫了。而在其優

雅的肢體擺動中，包含著千變萬化的手姿；其動作的輕穎流
暢、節奏的鮮明，深具風情萬種，也極富韻味。而其所搭配
的音樂，是熱情、豔麗，激情及蕩漾的音律了。寶萊塢印度
舞所以能成為流行界與運動界的時尚新寵兒，除了有伴隨著
「寶萊塢」這個概念而來的，那種帶有異國風情華麗的想像
之外，印度舞因為強調了快速的腳步變化與繁美的手部動
作，對身體線條的修飾，也具有非常優異的作用。

　　寶萊塢印度舞，近年在全球流行文化的頂尖人士，如瑪
丹娜（Madonna）、拉丁舞后夏奇拉（Shakira）、日本巨星
倖田來未、台灣名模林志玲等的介紹、鼓動之下，已成為最
具時尚感的「新東方愛美運動」了。而台灣名模林志玲在亞
太影展的開場表演中，演出了其驚豔四座的寶萊塢印度舞，
因之也就正式的將台灣的寶萊塢舞的風潮推向了高峰。而林
志玲與印度舞者共舞的，也正是最受歡迎的印度電影「Devdas
（寶萊塢生死戀）」中，那最讓人津津樂道的那一段歌舞了：
那是首兩位女主角 Madhuri Dixit 與 Aishwarya Rai 同場飆舞
的「Dola Re」。而印度舞就藉此片歌舞電影，把印度舞的概
念淋漓盡致的表達並推向全世界了，而在那些衣鬢舞動的流
光魅影中，也就這樣的在流行界與舞蹈運動界中，掀起了一
陣印度舞的熱潮了。

中東肚皮舞之源起、特質與訓練

　　中東肚皮舞是盛行於中東的舞蹈之一。在西元前 1 千 5
百年以前古埃及的壁畫當中，即可見到肚皮舞孃的描繪圖像

了。到了土耳其奧圖曼帝國（13~20 世紀初）時，此舞蹈也成為後宮嬪妃所擅長的宮廷舞蹈，所以肚皮舞因此而也更加的華麗了。中東肚皮舞係以腹部為中心點，將身體肌肉，分成不同區域去獨立運作並再予組合起來，而形成其特殊柔美的律動線條了。

中東肚皮舞也注重情感與音樂的表達，並展現出中東獨特的韻味與奔放。中東肚皮舞，在阿拉伯名叫 Raqs Sharqi，在土耳其文叫 Oryantal Dans，其意都是東方之舞的意思。對中東地區的人而言，這樣的舞蹈是來自東方的印度。一般相信該舞是來自印度的吉普賽人，在其輾轉遷徙的過程中，將他們的舞蹈帶到了各地，並結合當地的民族特色，而變化成具有共同特徵的各色舞蹈了。因此到了中東以後，就結合中東文化而演變成中東肚皮舞了。而肚皮舞的英文名稱則源於 19 世紀時，西方人到中東（鄂圖曼土耳其），驚艷於這個以腹部為運動中心的舞蹈，而稱之為 Belly Dance。

中東肚皮舞需要訓練各部位的肌力，例如脖子、肩膀、手臂、腹部、腰部、臀部、腹部及大腿等個別的肌力及其靈活度。而在訓練這些部位時，不只會讓腰酸背痛的現象消失掉，舞者也會發現其肌肉是越來越結實、彈性也增加了許多。肚皮舞是特別適合豐滿女生跳的舞蹈；雖然在台灣的肚皮舞者，總是越跳越苗條的。但在中東與西方的觀點上，肚皮舞者是豐腴的，因為中東與西方人特別欣賞這種體態；他們認為傳統的肚皮舞，要有點肉感才跳得出屬於她自己的獨特美感。肚皮舞的確可讓人變得苗條，但並不代表肚皮舞是專屬於苗條女性的舞蹈。而只能這樣說，這是無論胖瘦都能舞出

屬於自己風格的舞蹈了。

印度舞與中東肚皮舞之差異

　　印度舞與中東肚皮舞在基本上是很類似的，但仍有些差異。在印度舞中的形象，有許多是表達印度教的概念、神話、手姿等；而在中東肚皮舞中，並不表達伊斯蘭教的概念。此外，再深入的解析，也可以發現到仍有以下的差異存在著：

（一）行　頭

　　肚皮舞的服裝配備是短上衣（choli 或 bra），而身上繫著流蘇腰夾或是錢幣腰布，至於下半身可穿燈籠褲、紗裙、窄裙等，而對手燭並無太多要求，是可有可無的。而其搭配的手具為手杖、三碼紗巾、金翅、小燭臺、大燭臺、刀、指鈸、茶盤、火具等。而其化粧的技巧，則著重於眼睛部分，一定要勾勒出眼型的黑色眼線，至於繽蒂（bindi）和蒂卡（tika）則並非必須品。而其髮型設計則不拘泥於其形式的。但是在印度舞的服裝配備上是不會有錢幣的腰布圍在身上的。

　　寶萊塢印度舞：那是短上衣（choli）和圍在身上的紗麗（saree），而其下半身可穿著紗裙或改良式現代沙麗，而寶萊塢風格的印度舞是可以小露香肩和肚皮的，但一定要配帶金色成串的手燭和臂環等以顯示其華麗感。而其所搭配的手具為頭上的紗巾或身上的紗巾、小燭臺。而在化粧技巧上，則勾勒出眼型的黑色眼線，戴上繽蒂（bindi）及蒂卡（tika）的頭飾。但對髮型設計，則並不拘泥於其形式。

　　傳統印度舞：一般係視舞種的不同而有些許差異，祭祀舞蹈如東印的 Odissi 和南印的 Bharata Natyam 的舞蹈，也是穿著短上衣（choli）和圍著紗麗（saree）的，而腳上則配帶著銅鈴串鍊。在化粧技巧上：那是勾勒眼型的黑色眼線，戴繽蒂（bindi）及蒂卡的頭飾，而手和腳則使用了 Henna，以表示蓮花瓣般的神聖感。而在髮型設計上，是梳頭綁辮子並戴成串白色茉莉花或花串的居多。

　　在印度，一般只有已婚婦女才會穿那種長達 6 米的紗麗；而紅色紗麗是新娘子的色彩，白色紗麗則在丈夫過世時才能穿。但對舞者來說，那些習俗都是除外的，即使是很年輕的女孩子，也可以穿著白色紗麗。而有時舞者也穿上 PUNJABI：那是褲子+過膝長衣+長圍巾。而褲子的款式也很多樣化，有些是寬大的，有些是緊身的。而圍巾的繫法也有一些不相同的，在平時可戴在脖子上，而在跳舞時則會繫在腰間，其目的在於用以增加線條感。而時下的 PUNJABI，已成為時尚的衣物了，日本便風靡過這種款式的衣服。

　　印度舞除了穿紗麗以外，還要佩戴很多飾品。舞者額頭上貼著長尖形的飾物叫做 BINDI，傳統印度的 BINDI 是比它大上好幾倍的，而且上面還鑲滿了鑽石和寶石的。但在現代的年輕人，他們則更喜歡這種簡約的款式了。在印度，那些女孩子一般是在結婚或跳舞時才佩戴它的。至於眉毛上方的一圈散鑽也叫做 BINDI，那是表示好運。印度婆羅達舞者的配飾，一般都是結婚的象徵物。印度已婚婦女要在眉心點上一滴的紅點；但在跳舞時，為增加其亮度，也可用小鑽石來代替其傳統的紅點了。

　　在印度舞，其手姿是非常重要的舞蹈語言了，所以舞者都很在意其手鐲配飾；而手鐲一般都是銀製品的，但佩戴的數量很多，最多可達到 20 個。

（二） 舞蹈技巧

　　中東肚皮舞最經典的舞蹈動作稱為 Shimmy，也就是各部位的快速抖動，另有臀部的坐、踢及臀部的各種變化、胸部 Circle 及 S 型的動作（蛇腰）、腹式 Camel、柔軟的 Maya 等都是中東肚皮舞的元素。而印度舞蹈和音樂，大多是為神而歌、為神而舞的舞蹈，在印度舞裡不能有身體的快速擺動（Shimmy）的動作，但同樣的會有頭、肩的快速擺動，而印度舞的眼神和肢體動作也是活靈活現的，也有很多的手姿與腳步的動作。在印度舞手姿的千變萬化中，比如用手指臉的姿勢表示「美麗」，而荷花手姿則是表演給神看時常會用到的手姿。但其手姿有時也會變幻莫測的，而代表著許多的意義，如手掌伸直，拇指微彎，光這個手勢就可能有開門、雲、森林、拒絕、開始等之意義；所以其手姿不僅表演起來會令觀者為之眼花撩亂，而其花樣繁多的手姿還反映了表演者活躍的思維，那是一種真正的腦部鍛鍊了，可謂「心靈手巧」的，而在其精神性和優雅性上，也是與中東肚皮舞截然不同的。

　　另外，印度舞的跳躍姿勢代表著印度的神鳥「PIKAKE」；在其跳躍時要注意眼睛盯著手部。而這種跳躍姿勢不僅很好看，還能練習身體的平衡能力，提高骨質的密度，特別是臀部和骨盆的力量了，其餘與其他舞蹈不同的是：印度舞要求跳舞者，常要處於半蹲的姿式中。另外，跳印度舞時，背部

一定要保持著挺直，由這就可以理解到為什麼印度的美人擁有全世界最性感的背部了。

（三） 舞蹈音樂

中東肚皮舞，以往大多是使用中東阿拉伯的音樂，包括阿拉伯、土耳其等的音樂，而現代則多用中東的流行音樂代替了。在音樂中所唱出的語言為阿拉伯語或中東等的語言，而塔不拉鼓則是不可或缺的樂器，而且是必要的節奏與音樂的元素了。但在印度舞則使用了印度音樂的曲子，那是印度語或其他的印度語言的演唱，而且是大多以吟唱和印度塔不拉鼓、西塔琴、印度手風琴等的樂器為主調的；但在寶萊塢印度舞的音樂，則大多數採用了印度的流行音樂或電影的配樂了。

（刊台灣時報 2009.06.17-19）

參考資料：

1. 〈簡單就是美的印度舞〉王妃／大紀元 2006.7.28【王妃談古說今】
2. 〈DS paper〉記者/陳嬿淳 2009/03/06
3. 〈西瓦印度舞〉RickyQ 大紀元 2008/7/7
4. http://www.crystaldance.net〈魔幻與現實交錯的中東〉Crystal
5. http://tw.knowledge.yahoo.com/question/question.php?qid=1607011702504

6. http://blog.sina.com.tw/bellydance/article.php?pbgid=3769 &entryid=339359

7. http://blog.yam.com/indiadance/article/16341622

8. http://www.nthufolkdance.tw/412.php

9. http://www.epochtimes.com/b5/5/7/7/n978177.htm

「評選札記」輯

台北植物園新詩徵選評選後記

　　2009 年「台北植物園新詩徵選」，成人組為：首獎王詩儀〈遇〉，二獎陳英任〈植物園入園守則〉，三獎林佩珊〈蛇莓〉；而兒童組為：首獎連婉筑〈花花世界〉，二獎黃郁心〈再現綠野仙境〉，三獎伍孟惟〈森林還是迷宮〉。以下分別就成人組及兒童組之評選觀點及其評語，略述如下：

　　成人組，以土地、生態永續、萬物共有為決選準則。

　　首獎王詩儀〈遇〉，文筆簡潔流暢；音韻與情感的抒發，低迴又喁喁獨語。在不知不覺中，傳達出濃濃的安詳、寧靜與詩味。並以動與靜、古與今、大與小、短暫與永恆，在細緻的心思、巧妙安排的對比中，呈現出歷史的延續性與對未來的憧憬，對人類寄有承先啟後之厚望。而且對泥土有深厚的感情，對生命根源的土地也有所承諾，亦即生於這塊土地上所有的生界，包括人民，都應將其生命歷程、喜怒哀樂，以及參與奮鬥、熱愛、保護這塊土地的豐富感受寫進了這一塊的土地裡。簡單的說，就是期許「生於斯、長於斯、葬於斯」，那種落地為根的情懷，以這塊土地為家園，共同的齊心協力打拼的精神。

　　二獎陳英任〈植物園入園守則〉，文筆生動流暢。以植物園本體來看外在世界，亦即以物觀物；而非人本觀的以人

觀物，萬物爲我所用的思維。以光明與黑暗、精神與物質、鄉土與都市化的對比，展現出反科技文明，反物質文明，反資訊社會的底蘊，並召喚回歸大自然，回歸善良面，回歸心靈屬性；而且要腳踏實地，回歸鄉野本土，活在當下，有後工業時期存在主義的思緒。最後一節也有希望的曙光與微笑展現，回應了生態永續的風潮與哲理，以及生生不息的長遠觀照。

　　三獎林佩珊〈蛇莓〉，頗具創意與幻想性，以神話的氛圍，展現出神秘的氣氛，由起始而至於結尾，通篇娓娓道來，栩栩如生，引人入勝。也把其生態，係植物、匍匐性延伸、複葉、愛潮濕、夏日開黃花等，自其根、藤、葉而花，漸層的展現出來。並且以物觀物，具有體恤弱小，萬物平等觀，又有勸善、犧牲、奉獻之內涵所在。

　　兒童組，以健康、純真、快樂、活潑、幻想爲決選準則。

　　首獎連婉筑〈花花世界〉，文筆簡樸，聯想力高，具動態感，活潑可愛。常就動、植物的外貌，或其名子去發揮聯想力，著實逗趣。而作者亦走入詩中，扮演「偵探」，尋覓松鼠；連同前半首中的「舞者」、「風一吹」、「搖擺」、「揮舞」、「說著」、「舔一下」、「嚐一口」等的動作或動感，造成了詩中洋溢出一股活潑、可愛、繁茂、熱鬧、快樂的氛圍。

　　二獎黃郁心〈再現綠野仙境〉，文筆簡潔，詩意盎然，要言不繁，意象延伸；也見生命力的展現、守護的承諾與許願。惟較少童心展現。

　　三獎伍孟惟〈森林還是迷宮〉，字辭簡易，有童話味道，

意象也繁多。以童話世界的精靈、巨人、迷宮，及擬人化的「忙碌的信差」、「冒失鬼」、「爺爺的鬍鬚」等，寫活了所要表現的意象。而「有深深淺淺的綠／有高高低低的牆／還有彎彎曲曲的徑」，也寫出了森林迷宮的廣大、曲徑之幽深、層次的變化無窮。此外，迷路為森林迷宮的必要點綴了，是謂畫龍點睛。

（2009.04.05 謹誌／刊台北植物園之美詩畫集）

林業試驗所「2009年蓮華池螢火蟲季新詩徵選」評選後記

　　「2009年南投縣蓮華池螢火蟲季新詩徵選」評選結果，成人組：首獎劉奎蘭〈螢火蟲星系〉，二獎陳一尚〈火金姑的約定〉，三獎林鍾妏〈蓮池火金蛄〉；而兒童組：首獎吳英綸〈發光的小願望〉，二獎劉映里及三獎林妤宣之詩題同為〈螢火蟲〉。以下分別就成人組及兒童組之評選觀點及其評語，略述：

　　成人組，以真善美、生態教育及在地性，為評選原則。

　　首獎劉奎蘭〈螢火蟲星系〉，該詩寫景功力深厚，如「杉林、肖楠和闊葉林合力牽起天際線／將群山的背脊甩盪如波浪層層」；也活化了對物象的描述，如「雄蛙鼓漲鳴囊，向整座森林求索愛情」。

　　而對螢火蟲生命的傳承與其死生的循環週期，也以「穿越一行詩句趁雷雨尚未落下韻腳／繁殖相仿的光譜，涵蓋誕生／擁抱到死亡，週期巡迴如彗星／離去與回歸早已預先寫進／約定的軌跡／說好沉寂過後來年／還要一同亮起」，把生物生命的無奈、宿命、對來生的喜悅以及螢對愛情的忠貞、螢交尾後即死亡的生態現象，娓娓道來，沒有高亢情緒，沒有譁眾取寵，有的只是平淡之美。

　　該詩對螢之生態，有詳盡的描繪，其第一節寫螢於夏季之羽化成蟲；第二節寫螢之發光，一閃一滅的，也是在求偶，而其生態環境需要潮濕及清淨的水質；第三節寫螢與愛人相遇後之做愛；第四節寫做愛後的死生與傳延下一代，也有生態永續之期許。

　　第五節「懂得黑夜之後，我們／才真正瞭解了光」，即寫夜裡賞螢，方覺螢光之美，屬寫實手法。然其涵意又延伸開展：鑑往可知早年台灣係螢火蟲的樂園，不管是平原、丘陵或山上的，處處可見到螢火蟲的蹤跡，然如今在經濟掛帥，濫墾濫伐山林、過度開發建設、濫用農藥、工業廢水污染等的人為破壞之下，螢火蟲的生態環境大受影響，使生態指標的螢火蟲已幾無立錐之地了；人如已認知醒覺以往的人為破壞之不是，那麼在僅有的螢火蟲的樂土上，有宜妥為保護螢火蟲的生態環境，以免其淪為滅絕消失之意。兼且，如果可能的話，則對已被污染的水源與土地，加以清理並消除其污染源，則台灣將重新成為螢火蟲的樂土，此亦為生長於這塊土地上的台灣人及其他所有的生界之福。

　　二獎陳一尚〈火金姑的約定〉，該詩幾乎每行都有押韻，文筆亦平淡而口語化，讀來異常順口；文中把螢火蟲之愛情飛舞當成是盛會，也把飛蛾、鍬形蟲、獨角仙、蛙、蟲加入，自也有童話的味道展現。該詩先寫到螢火蟲的生態環境，再寫到螢火蟲的羽化成蟲，又寫到成螢的點燈尋偶，第五節接著寫螢火蟲的相戀與做愛，第六節的對螢火蟲生命延續的渴望；而將成蟲的螢的生態，不急不徐的漸進的描繪了出來。也對生態永續、生物永續，有所期許。

詩裡集中火力於螢火蟲成蟲的成親飛舞，第一節寫「在一個沒有干擾的時空」的淨土裡，春來就「姹紫嫣紅」、「孕育多樣物種」。寫的是淨土裡的生命悸動與生物的多樣化；也惟有是淨土，才能成就生物的多樣性，孕育出生態指標的螢火蟲。

第二節寫的是在春天的夜晚，螢火蟲歷經漫長的完全變態，自卵期、幼蟲期、蛹期，而終於可羽化成蟲，羽化成一隻螢火蟲。羽化成螢火蟲就是螢火蟲最美麗燦爛的最後的數個光陰了；而羽化後，它們將成群的漫天飛舞著，各自的追尋真命天子，成親做愛傳衍下一代；而這種春心蕩樣，追逐愛情的盼望與衝動，是令螢火蟲興奮與深深期盼的事實。螢火蟲正等待著這隆重的一刻了。

第三節寫各類昆蟲有志一同的加入螢火蟲的求偶盛會裡，也有蛙鳴、蟲唧的伴奏，而使詩中展現出熱鬧、歡欣的氣氛。當然第三節的描述，也有詮釋第二節的是如何的「隆重」之意了。

第四節寫賞螢者之驚喜與興奮，並且克制自我不去干擾牠們，此亦為賞螢者該有的道德。

第五節則雲淡風清的點一下螢火蟲的相愛與做愛，並以「互道通關密語／邂逅短暫的美麗」，來詮釋相戀與做愛，且有春宵苦短之感。

第六節把螢火蟲的螢光視成黑暗中的浪漫，而事實上螢光也是追逐愛情的工具，自是浪漫的象徵；而「點亮一顆小小的希望」，則是找到愛侶的希望，傳宗接代的希望，螢生命永續長存的希望。

　　三獎林鍾妏〈蓮池火金蛄〉，該詩係以台語書寫，也有童話與自由幻想的味道，詩中的角色可對白，如螢火蟲與樹蛙等的對白；亦可不管生態的本性習慣，而自由的幻想，如樹蛙等吃「鮮露蜜」（晨露）。該詩第一節寫螢夜裡在山林裡四處的飛來飛去；第二節寫螢的忙碌與好脾氣；第三節寫樹蛙與獨角仙在蓮香吹拂下才剛醒來，表其境之安詳；第四節寫螢愛夜晚的美景，也把夜遊當巡邏看待，看顧著蓮花池這一片的土地。全詩環繞在火金蛄照顧著蓮池的點點滴滴，主客異位，不落俗套。

　　兒童組，以真善美、認識生態及童趣、幻想，為評選原則。

　　首獎吳英綸〈發光的小願望〉，詩中用語平和，娓娓道來，即寫出火金姑（螢）的變遷，亦流露出對生態維護、生態永續的理念。

　　全詩五節裡，第一節寫火金姑的提燈帶路，第二節寫遠處有星光、近處有螢光，而體悟到「黑暗的地方　總會有希望的亮光」存在。

　　第三節，前段寫螢光的變遷，「這光是爺爺小時候的玩伴／爸爸長大後的渴望」；後段寫期望「能在庭院裡　拿著小扇，／和你在澄淨的水邊，自然的土壤／一起追逐，一起成長？」對自然、環保、生態維護、生態永續的理念已然點及。

　　第四節是一種回饋，一種感動欲圖回報，一種天真的聯想；卻也是承繼第三節的反問，誰能帶給我與螢「澄淨的水邊，自然的土壤」，以及誰能保護螢的生態環境？值得吾人

思考、行動、作為。

　　第五節第一行點出「你是在蓮花池旅行的流星」，即是寫實手法，而「旅行的流星」，又有奔波後落腳「蓮華池生態園區」之意，亦有警惕要善盡維護生態環境的責任，以免螢火蟲又「旅行」他去了，如「流星」之流消失無蹤。第二行以下是許願，希望螢火蟲能永遠的傳衍下去，與萬物共有這個世界。

　　二獎劉映里〈螢火蟲〉，在短短四節十二行裡，其中前有三問「是誰？」，已然將螢之美之壯觀描繪出：螢附於樹，「讓樹穿衣服，把樹變成聖誕樹」；螢飛於湖，「讓湖變閃亮，把湖變成星星」；螢佇立於馬路上，「讓馬路變漂亮，把馬路變成鑽石」，三景相聚，整個大地已然成為螢海，這是何其壯觀，何其美妙！

　　可是第四問，「可是是誰？讓螢火蟲快沒了」，却又把讀者的情緒從興奮、高亢、讚嘆裡，一下子被打入憂傷、悽涼、失望、悲痛、自省之中。接著作者又自我解答：「啊～原來是人類的手電筒！」雖對螢火蟲消失的諸多原因，輕輕以「手電筒」一辭帶過；然「手電筒」係代表文明的產物，也代表光源的迷惑、戕害，更是人類對生態環境的破壞與干擾，對人類一向的危害生物的生存，已然點到。當然，手電筒的光源強於螢光，手電筒一照，螢光也都不見了，此為賞螢時之敗筆；而於賞螢時，手電筒之光源是與喧嘩同被列為嚴禁的，只因對螢之生態環境有太大的戕傷，此亦為寫實的一面。所以「手電筒」一辭，不但是寫實，也有其延展性，可讓讀者自由的發揮。

　　三獎林妤宣〈螢火蟲〉，係口語化的詩作，讀來輕鬆易明，先點出三個螢火蟲的化身，即「舞者」、「有正義感的勇士」及「調皮的精靈」，接著就化身加以引伸了，而有「不自覺的隨它飛舞」、「小提燈微微的亮光／總會適時的顯現光采」、「跟它玩起捉迷藏」的陳述。最後一節直述「螢火蟲是爸媽幼時的回憶／螢火蟲也是大家童年的記憶」，有鼓勵大家多多的去賞螢，並有期待大家保護螢的生態環境、生命永續之意。

　　此外，還要特別介紹成人組佳作方瑞興〈人間仙境〉，該詩用辭淺顯，頗多押韻，讀來順口；又有為魚池鄉，為蓮華池推銷休閒賞螢之心意，也將蓮華池之生態部分介紹了，而魚池鄉可提供何種服務亦述及頗詳，並叮嚀再三。古來的文學作品；均有宮廷與鄉野、妍麗與質樸之別，此詩似可視為後者之作。再就「南投縣蓮華池螢火蟲季新詩徵選」觀之，其目的無非係鼓勵文學創作、宣導生態永續，兼推介地方休閒觀光景點，繁榮地方經濟，敦親睦鄰；而所謂的文學作品，固須藝術性，亦須多元化，如能將實用性導入，對寫作之推廣及寫作人口之提高自當有所助益，準此以觀之，特另予推介。

（2009.07.17 謹記／刊／刊林業研究
專刊 90 期 2009.08）

2009 閱讀達人「最愛新港」徵文評選後記

　　以「彰顯新港之歷史文化、風土民情，促進愛鄉愛家愛土之情懷，並具真善美之藝術思維」為評選原則。評選觀點如下：

　　高中組－特優等：潘奕衡〈藝術高中〉，文筆流暢，情感真摯，用語鏗鏘，要言不煩。對學生生活、藝術與人生熱情洋溢，有鞭策、期許與自信；對建校理念、特色、建物風格著墨得當。何伊綺〈陪我成長〉，文筆流暢，擁抱感恩，對新港的人文、地理、鄉土小吃，以及國際藝術節等林林總總，皆甚感懷。格局大，素材多樣。

　　優等：王品方〈文化〉，文思跳躍、對比運用頗有張力；許多動作讓文章變成立體，往前探索。葉詠馨〈自行車道〉，對兩旁景物描繪功力不弱，亦有領悟發揮。

　　國中組－特優等：呂宜潔〈婦女團體〉，文思細膩，筆調輕柔，母女情深，體諒關懷，溫馨感人。對社團功效，參與後的成長，毋須說理已溢於文中。林佳玫〈圖書館〉，風趣幽默，引人入勝。對館藏及擺置言之甚詳。於圖書館裡追求自我成長，自也是福份。

　　優等：林季陽〈鐵路公園〉，對五分仔車的時空轉換，有懷古、期許；寫景能力亦可。林柏錦〈田間的那條小路〉，景物細描，亦有所詮釋。

　　國小高年級組－特優等：吳舒涵〈奉天宮與我〉，與奉天宮之因緣敘述頗詳，感恩之心不言可喻；對大甲媽祖來遶境之興奮、鄉民之熱情均述及。用辭簡易，要言不煩。阮皇熹〈無法抗拒的美食誘惑〉，誇張，有市井吆喝叫賣味道，叫活了新港美食的誘惑。

　　優等：林建言〈國際藝術節〉，文筆平穩，對各場次表演均有著墨，要言不煩。葉祐萱〈與自然共舞的月眉農庄〉，循序介紹頗為詳盡貼切。

　　（2009.12.28／刊新港文教基金會 99 年 3 月第 207 期）

註：此外因國小中年級組及國小低年級組，並非由我寫評選後記，是故僅列其得獎人及文題如下。國小中年級組：特優等李怡君〈戀戀 Q 軟可口的粉圓冰〉；優等葉家褕〈充滿藝文氣息的新港文教基金會〉及胡嘉恩〈新港街上〉。而國小低年級組：特優等林冠亨〈葛莉絲阿姨說英文故事〉；優等林嘉慶〈充滿書香味的書局〉及林祐謙〈溫馨的人情味〉。

評選後記之我思

　　在發展台灣文化，發展地方觀光事業，提昇地方經濟的思維下，台灣各地都在積極的推廣觀光景點、文化館、紀念館之介紹與導覽等，甚至於涵蓋建築特色、街景特色、歷史特色、地方文化特色、小吃特色等之介紹；而將其美的、文化的、特色的、深度的一面，呈獻給國內外的觀光人士，以吸引他們實地的踩探、參訪、消費。文化館大致是就主題去發揮的，蒐集其歷來的相關展品提供展出，以吸引參訪；而紀念館則是就某人或某事件，專題蒐集其前因後果及歷來的相關資料，提供今人及後代人的研究或反思、評斷。而發展前二項的觀光事業主題，除可將當地的環境改造得更是美輪美奐或更契合主題以外，亦可提昇當地的文化氣質。

　　此種發展台灣的文化及地方觀光，均屬「無煙囪工業」之實踐，既不受工業的污染，破壞了大地，增加將來修復環境之龐大社會成本；同時也是生態永續的承諾，歷史文化的傳承、延續、省思與反思。台灣由於經濟的發展，民生較諸於三、四十年前已有長足的進展；所以在物質生活的水平提昇以外，亦已擴及提高文化層面之需求了。所以有志之士常會對文化、文學與藝術設置獎項，提供獎金及榮譽以鼓勵創作；由於其獎項限於經費，均會有名額上的限制及名次之排

列，所以勢必對參選的作品或其主體作篩選評比。而即然要篩選評比，那也就要有評選人的組成了。

評選人對參選人的作品或主體，經討論、合議、投票而選出得獎者，其機制也合乎合議制、民主制。然評選人會議選出者是否為公平公正，在「黑箱」作業下有無不足為外人道者，外人實無從查考，因此易遭致誤解、污衊及「黑箱作業」之譏。基於今天的民主、自由制度的思維，除非結果不對外公布；否則實應以文字記載，將其評比標準、過程及決選理由陳述之，讓參與人及第三者檢視；此就有賴「公開透明」機制之建立了。

評選的「公開透明」機制，在於「評選後記」的完成；也就是要有決選的標準與原則，並將作品或主體之優點及決選理由陳述，讓外人得予檢視。其實，即使結果不對外公開，仍宜有「評選後記」，以對所有的參選者交待，此為負責任的態度。而且有「評選後記」之督促，各評選人在意見表達與投票上將會更理性負責的拿捏；也就是更會導入理性與負責的態度，對候選的作品更為公平公正的對待，而激勵提昇得獎作品之淬礪。

（2009.09.12／刊笠詩刊 2011.02 第 281 期）

「土地倫理」輯

詩人與森林之我思

　　在歷史的發展上，人類對其活動領域的環境與審美觀的塑造，二者皆係基於其為社會實踐的產物，亦即在某個時代的審美觀究為如何的，其對環境之塑造亦會朝之而前進；而活動領域環境的情境究為如何，其對審美觀自亦會有所影響。也就是說，人類活動領域的環境與其審美觀是互為影響因子的。

　　就個人來講，人皆有其不斷成長學習的過程；而其成長學習有來自知識教育的累積者，有來自社會教育的累積者，有來自個人親身體驗者，亦有來自道聽塗說及來自個人潛意識裡的偏好者，凡此種種並經個人的綜合斟酌取捨之後，發而為其生活的思考模式。當然這種成長學習而發為其生活思考的模式，經過時日的演進變化，有者亦會有所修正的；也就是說個人的有些行為模式並非永遠一層不變的，它是一種動態的現象；但有些個人的行為模式則具有極強烈的僵固性。

　　再經許多人某些僵固的及動態的個人行為模式的累積，就變成一種當時社會的集體風尚了。而這種社會集體風尚，就發而為對人類活動領域環境的改造與塑造了，以及審美觀的思維塑造與踐諾了。而當時社會的集體風尚，也是一種動態的，會隨著周遭活動環境的改變而改變的。也就是說，個

人的行為模式及社會的集體風尚均是變動的、演進的，且此處也是不討論到「道德」的問題的。

　　自人類認知「道德」之後，不管是個人或社會的行為模式，亦會接受該「道德」之指導與規範的；然所謂的道德與規範也是動態的，會隨認知而修正變動。

　　個人行為模式，經知識教育、社會教育、家庭教育、個人親身體驗、道聽塗說、個人潛意識的偏好等因子而養成，而以上之知識教育等因子也都與其生活環境息息相關的，脫離不了因環境影響而改變的事實；況且人類經對其生活環境的觀察與研究後，經常也會有所體會、發現、創見；而這種體會、發現與創見發而為風潮的，就會對其生活環境有所改進或學習適應其新的生活環境。

　　森林是地景環境的一環，森林的變動不僅會影響到地景環境，也會影響氣候、水文、空氣、大氣層等的大自然景觀與其現象。近年來最被認知的是，森林的被大肆砍伐破壞，已然造成了大自然自癒功能的下降與破壞了。

　　人類對於其活動領域的環境與其審美觀的認知是互為因果的，也是相輔相成的。簡單的舉例：一幅畫作或陳列品呈現出四、五十年前的鄉村農家的斗笠啦、米缸啦、灶啦、鼎啦等家常物品，如果你是曾經歷過那個時代的生活的人，於今見之，相對於今日的狀況，自會感染到其純樸與溫馨之懷思，而其美感就是來自於對當時生活環境的存在與認知了；而這也就是活動環境影響到審美觀之證明了。之所以會對過往情境的再現會產生出純樸、溫馨的懷思而感覺其美感；係因當事人已然洗滌處身當時之苦難與匱乏了，而所留下的純

然均是美好的回憶；除非當時的情境恐佈到摘心泣血的，思之不寒而慄的，則那情境仍將會是徹骨的痛以外的。

又者，東方人對生活環境的態度、社會群體思惟，大致會要求其為整齊與秩序的美感，所以對庭景上的花草樹木自會修剪成各種圓形、長方形或鳥獸形等之狀；但歐美人士崇尚自然美感，對花草樹木就較不會去修剪的了，除了草皮以外，此即是審美觀影響到人類的活動環境的例證了。

森林做為人類活動環境領域之一，而提供了人類很多所需的食衣住行育樂的資源，自有其存在的需要與貼心的美感存在。而在森林裡活動，森林的存在自會感染到人心的；所以古來的騷人墨客常以之為題材，抒發感受而創作其成為美好的文學作品。森林之美在於其構成地域之自然景觀與人類之利用交互作用後，所呈現出的樣貌與其多元的美學了。

不同的森林就會有不同的樣貌表現，而四時的變化也會影響到森林生態；人對之不時的親近，自會有不同的感受與發覺其不同的美感存在。

由於個株林木本身亦有其生老病死的過程，與其他的生物相同，所以當人類是在適度的取用森林資源時，在森林自身得予自癒或輔以人造林的情況之下；人與森林的關係是和諧的、是共存共榮的。

然由於人類物質文明之需要而過度短視的追求眼前的經濟利益，自私自利的貪婪無度的開發森林，過度享用林木或林地資源，竟致造成森林環境的過度破壞以及人與森林關係的不和諧了，造成了人與大自然關係之極端對立，而此更也導致大自然不時的強力反撲，造成了人類重大的財物損失，

人命及生界之無謂犧牲的了；人類原本是在享用森林資源，增厚經濟生活的，然其財貨與生命竟被反噬了。所幸，對這種大自然的反撲，業已被有識之士察覺了，因之也認知人對森林與水土保持、國土保安、生態環境及遊憩休閒間之密切關係了，以及如何復育、保育與永續利用森林了。在對上項森林與水土保持等項之重要性，人類業已日益有所認知之時，有識之士即大聲疾呼應加以妥為重視與實踐的。而此種認知與實踐係對整個的地球、整個的生界有實質上的保障的。

由於詩人亦為筆耕者，擁有針砭社會現象的能力，而其觀察敏銳度高，感性又強，因之詩人除吟風頌月以外，做為針砭社會現象的一分子，自應有其社會責任的了；而其社會責任即做為弱勢者的代言人，求取社會之公平、正義、和諧與關懷了。而對人類生命之所寄，人類生命之前途，人類生命之永續發展等，自亦應多所關注的。準此，則又涉及人類活動領域環境中的生態永續、生態環境之維護、天人和諧等理念之闡揚與實踐的了；所以詩人亦同樣應予重視的，多加關注的，應發而為作品的，以喚起更多的人去努力實踐推動，以成現代顯學。

而且森林本身可為個人的休閒場域，提昇性靈，激發靈感，而森林又密切的關係到人類的財產與生命的安全；所以做為詩人，實有多多親近森林，體驗森林，沐浴其中並多多瞭解森林之需要，發抒而為作品的，以喚起多數人的注意與實踐了，而共同努力推動維護森林之永續發展。

（2010.01.11／已先刊於林業研究專刊第 93 期 99 年 02 月）

天然林‧土地倫理與土地倫理詩歌

序　言

　　我曾幾度到澳洲與日本北海道。在地球上，這兩個地方都是愛護自然資源不遺餘力的地方；也都是對自然環境進行完善的保護與管理的地方。

　　首先談澳洲，澳洲除極小部分是特定的商業區以外，他們的商業樓層都是二、三層的而已，而且其間有廣闊的空間以植樹、種花的；至於住家則更低了，通常只是一、二層的而已，而且更是家家有庭院，綠籬庭樹、花木扶疏的。在澳洲，那裏的樹木更是不得任意的砍伐。澳洲這種低樓層、大空間、綠籬庭樹，除了讓視野寬遠，更重要的是沒有鋼筋水泥的壓迫感了，而置身澳洲的城市就有如置身鄉村花園的一般了，怡然自得、心情舒暢，而不減其商業繁榮與活絡度。

　　而日本北海道更是開發極少的地方，那是有處處森林、濕原、海邊濕地的地方，不僅儘量少伐木的（日本所需的木料百分之七十是進口的），而且還經常擴大造林，增加林地的面積。

土地倫理

倫理一詞散見於中國的古籍，倫理本義，據東漢許慎說文解字稱：「倫字從人侖聲，輩也；理字從玉里聲，治玉也。」

今人林有土說：「倫理一詞，乃指人群相對相倚生活關係的法則或道理。倫理乃人類基於理性自覺，就人與人的各種關係而訂立彼此相互間適當的行爲標準。倫理就是人和人相處、修身、齊家和處世的標準，也就是做人的道理。」

孔孟儒家思想主導中國歷史四、五千年了；儒家哲學就是倫理哲學，儒家人際關係的根本價值即在於「爲善愛人」，並定出自家庭至社會、國家、天下的人際原理，係直接肯定現實社會並欲建立秩序而提出四維八德等的道德規範。而其人生的意義即在於助人爲善，讓人類在生活中建立體制追求美好，實現「人類生命的崇高價值」。

而耶穌基督也呼召「所有門徒過其更豐盛的生活」的。但道家莊子所設定的方向，則不在於助人爲善的，而係在追求自己精神領域的生命，係在「追求與天地精神相往來的逍遙意境」的，而此意境意味著捨棄天下人汲汲於天下事的倫理價值，但也不傷人的。

自 18 世紀的工業革命以來，由於人類生產技術的改變，人類駕馭地貌的能力也日益膨脹了；尤其自 20 世紀中葉以後的，其生產技術屢有革命性的變革，比如機器動力、生命基因等的，也改變了人對土地的時空意義。

而在此其間，人們進出土地就更爲舒服與便捷的了；同

時土地資源也已被干擾扭曲，地貌秩序也混亂不堪的了。雖然這種窘境，表面上並未干擾到人類的生活，事實上卻逐漸侵蝕到土地資源的合理發展並且影響到人類的生活、生命與健康了，而使人類感受到不適應而健康也受到了嚴重的威脅。這種威脅的狀況，大者如地球的暖化、熱帶雨林的消失；小者如河川污染、空氣混濁、土壤酸化、農藥肆虐等。而基於這種種的亂象，人類就該自我約束、限制對土地的利用了，而且要反省人和土地的相處關係了。

在 19 世紀的末期，雖然類似的生態哲學已逐漸展開了，但自 20 世紀 40 年代李奧帕德提出「土地倫理」以後，人類才對加諸於土地的深層反省有較為深入的論述。以往的倫理範圍只限於「人類社區」裡，只重視人與人和人與社會間的關係，係「自我中心」或「人本中心」的作為；但是「環境倫理」把它擴展到包含了無情世界的草木、山水、動物等的「生物社區」了。

李奧帕德說：「一切的倫理演變至今，都基於一個大前題，那就是個人僅是某個社區相互依存的成員之一，他的本能促使他爭取在此社區中的地位，但他的道德也促使他去合作。而土地倫理則是擴大此社區領域，以包括土壤、水、植物、動物，亦即通稱為土地。」人類從土地的征服者、操縱者的角色而變成其成員，也宣示人類應對其他共同生存的有情界和無情界給予應有的尊重。人類要將土地視為「生物社區」裡最重要的份子，而那就是生態學的基本觀念了，並要擴大其道德的觀念，應該承認土地應受到愛惜和尊重的。

人類面臨了全球化，未來將會有「超級群體」的誕生，

而其範圍是全球性的。由於現代運輸和通訊科技的發達，已然造成國際經濟的互相依賴、國際經濟實體的形成及人口和資本的快速流動了，而那些核武發展、氣候變遷、能源耗竭等，已然製造出一個「地球村」，拉近了人際關係，使人與人間禍福互相關聯著。雖然於今在「地球村」還未完全成形以前，與所謂的民族國家也正處於緊繃狀態之際；到底它最終會形成什麼樣的制度架構，目前尚無法預知。惟除了談人類的相互合作以外，李奧帕德提出的「土地倫理」就應為當今倫理的根本，要認識土地應受到愛惜和尊重，亦應積極的研究「環境倫理」和「生態倫理」，以實證思辨去深化「土地倫理」的理念，而建構起最佳的「土地倫理」。

天然林

　　在「土地倫理」裡，森林是要角；而在森林裡，那些天然林又是主角了。

　　台灣是一個多山、多丘陵的海島，在本質上是森林多、地震多、河川短促、水災也多，而地震、水災、用水等與森林均有密切的息息相關性。

　　台灣在這種地形險峻、地力貧瘠、地質脆弱、地震頻繁、豪暴雨量特多的環境之下；尤其是數十年來對森林的予取予求，任意的砍伐天然林、生態林而增加了經濟林作、高山水果蔬菜等，也更加的破壞了生態系。而原始林地的生域與地層結構、水文的改變，使地質也更加的脆弱了。毋怪，當有地震、豪暴雨一來的，就惡果叢生了；而那惡果是山崩地裂、

土石流亂竄、屋倒人亡、活埋活淹，躲無可躲的，而嚴重的危害到人類及其他生靈的生命至鉅，而萬有生靈又何辜呢？追本究源的，難道這不是台灣 50 年來的經濟導向：政策短視縱容、貪婪無度，沒有在地化，沒有落地生根的自覺，也沒有與台灣這片土地結合的流浪心態所使然的了嗎？

　　在三、四十年前，筆者就呼籲過淨山了；而在二、三十年前的，筆者也呼籲大家要運動強身；又在四、五年前筆者呼籲增加生育。當然，要體恤弱勢者，要強化弱勢者的社會福利策施，以及敬畏天地，崇尚大自然的，更是我一向的理念了。筆者知道那些呼籲常都非筆者首創的，但至少在做為一個人的價值上，作為一個文人的風骨上，那也都是筆者的使命，有責任為文呼籲強化。

　　同樣的，數年來筆者也積極呼籲「人文素養」，雖說此思維仍為「人本主義」範疇；惟至少是在針砭那些鎮日耀武揚威、作威作福、欺下迎上的不可一世者。政治與作官的威權與權威都是作繭自縛在造業；威權與權威應該來自對社會大眾服務的力量及其貢獻度，是對生靈的悲憫與體恤的程度。人生不過百年而已，倏忽歲月已過，有孫中山先生所倡的有服務精神最是好，而行善積德也最妙。

　　不管是儒家或老子學，均在「取天下」；惟取天下後並不是去作威作福、意氣風發、不可一世的，而其目的應在為民謀最大福利、豐厚其人生的。時下台灣很多的政客，均在狷言政黨係為「勝選」而設立，是為了「奪取政權」，此實為短視與無知至極了；殊不知，政黨的結合，其目的也在於為民謀最大的福祉，而非陷入奪權分贓的境地。政黨心目中

有老百姓才能勝選；而執政黨心目中有老百姓，政權才會穩固。當然啦，這仍未脫「人本主義」的巢穴，遑論進入土地倫理或者是莊子的「天人合一」境界的要求了。而這些話語也是最近個人研究「土地倫理」的心得所在了。

雖說台灣人歷經了 4 百年來的天災地變的滄桑，人們是一路認命的、辛酸的、悲劇的、無奈的延續了其生命而過來的，然此種宿命是更加的灰色黯淡面的，其災難也更加的頻繁，而受創也更加的深重了，這難道不是國土維安、原生林維護、生態保護不足，所導致大自然的強力反撲嗎?天然林係大自然界裡歷經最悠遠的時空，是在天擇演化下最佳的平衡生態系了，而且是生物基因庫；生態能綿延演化至今的，本身就是價值所在的了，也是天地造物的價值了，毋由人類任意的宰割，何況是來自於掌權者的假藉為民，以行自私貪婪、中飽私囊之舉所產生的，那些令天然林生態系為之痛苦的後遺症了。

天然林有何價值所在，依照陳玉峰《土地倫理與 921 大震》，節錄如下：

一、天然林是無價的，是上天才能賦予評價的，毋由人本主義去自行裁量。

二、天然林若蒙塵了，基因庫也會因之殞滅的，而那就是永遠無法彌補的災難與損失了。

三、天然林係台灣地體史配合百多萬年來最古老物種的子嗣來台的，包括了裸子植物、高山植物的，是它們生生滅滅、天擇演化而發展出來的，也是最為適合台灣土地環境的生命了。

四、天然林是台灣本土文化的終極源泉了，是土地文化
　　與文明的特徵，也是原住民的山林文化。

五、天然林生態系是台灣所有保育措施的總目的，是全
　　面原生物歧異度保育的終極目的，而天然林則是保
　　育的最終依歸了。

六、目前為止的，台灣自然生態系保育的最大盲點，乃
　　在於低海拔的山區、丘陵、台地裡天然林的全面棄
　　守了。那些原為佔盡了最大的面積，反映著台灣地
　　理位置上的最具全球代表性的樟、殼、桑科的闊葉
　　林，幾遭砍伐殆盡了；吾人對此實應加速救亡圖存，
　　力保該土地遺孤的存留，並且全力捍衛此等低地基
　　因庫，期以復育臺灣天然林，以成福爾摩莎精髓所
　　在的綠色海洋。

七、台灣為世界生物，自東亞而向南北遷移的要津，是
　　地史演化的胎記薈萃於此的地方，在日治時期就曾
　　發現甚多珍異物種而震驚了全球的生物界；而數十
　　萬年、數百萬年以來的，該島嶼的演化軌跡也塑造
　　了多數天然林的生態系了，那是足可佔盡了學術研
　　究的戰略地位，若非政治及人才不長進，臺灣實可
　　列管為世界性珍異的自然遺產區了。

八、就經濟效益來看，天然林提供了水文涵養、地力調
　　節、淨化大氣、穩定地體、公共安全、動物棲所、
　　河川水庫的根本保障等，是台灣島維生體系的中
　　樞。而砍伐天然林改種茶園、檳榔、芥末、高山蔬
　　果等或建造小木屋，均非妥適的作為，與台灣總體

經濟利益不合，也是這代人得利，而後數世代人受害的造業了。

人類發展至今，對那些已被斲傷的大自然已然無法恢復其原貌了，尤其是有機的生命體，如天然林、森林、林木等，兼且亦應顧及生計、豐厚人生，因之更無法全然的復原了。然而所謂的豐厚人生，不僅應是著眼於這一代的人生，也應是考慮到下一代的人生；不僅是這一代的萬有福祉，也應是考慮下一代的萬有福祉。所以凡事也要為下一代多多考量，也要為下一代的萬有多多保留樂土。所以要多多栽植當地的原有林種、植被，而發展其特色，待五年、十年後當可見其成效的，而那時將是綠蔭蔽天，綠色隧道到處跑了；何況是經年累月的綠美化了！

環視時代的走向，處在後工業時代中，人類開始重視生活品質，講究休閒娛樂，重新檢視享受簡單的、溫馨的、復古的風味。而民宿、小吃、手工藝品、紀念品等，就是觀光休閒產業的大賣點了；有人潮就有生意的，而生意多了，自然就會聚商結市了。如此既可保留天地給後代子孫一片淨土，又可兼顧到生活品質與維持經濟的生活。而除農居的純樸，空氣清新，青山綠水以外，如還有生態池、賞螢等的景點，那麼發展觀光休閒更是有後盾的了。

我去北海道觀賞丹頂鶴時，就有人被當地的老阿婆要求不要喧嘩的；而在澳洲看企鵝的歸巢，廣播員也一再呼籲不得照相的，並且有保育警察隨時制止觀光客的拍照。而去年在魚池鄉賞螢時，亦有護溪志工事先提醒不得喧嘩的、不得使用手電筒的，而如果確需照明應加設彩色玻璃紙等，凡此

種種均是爲了維護其生態之安寧，降低人爲的干擾。萬物與我是平等的，有不受干擾的權利，人類自應尊重它們，而這也是「土地倫理」的道德了。

在失去的大自然環境已然無法全面的恢復原貌，而那些殘存的物種就更該予以保育、復育的了。對原地貌的天然林就應以原生樹種去復植；讓天然林再次的登臨這一片土地上，歸還其原有的生存領域。當然，進而復育原生植被、雜草、雜木及藤蔓等的，而後再任其接受天地的自然競擇，久而久之又復成爲天然森林，與天地同在了。至於該用哪一種原生樹種去復育的呢，就以具有全球代表性的樟、殼、桑科闊葉林等爲之了，因該等原生樹種係歷經在台灣島上數十萬年、數百萬年來的演化軌跡，而原爲塑造台灣多數天然林生態系的林相，它們就是最能適應這裡的風、這裡的雨、這裡的天、這裡的地的植物，它們就是台灣的子民了。

土地倫理詩歌

翻開笠詩刊第 273 期〈土地之殤－莫拉克災難專輯〉其中有吳俊賢〈惡水奔騰〉、賴賢宗〈無言 2009〉、趙迺定《八八洪災有感五首》之〈山林蓊鬱〉及〈敬畏大自然〉等四首，較具積極的闡釋「土地倫理」的思想了，茲錄於後並詮釋之：

一、吳俊賢〈惡水奔騰〉

青山綠水多美麗

我家門前有小河　後面有山坡

父親節的夜晚
南台灣全部變了樣
許多村落如小林
許多河川如荖濃
高官　豪門依然歡度節日
紅酒　美食　笙歌
災民　倉皇逃命
沒吃　沒睡　沒性命
水淹三尺方為景
土埋十尺方為觀
淹埋了美麗景觀的假象與謊言

滾滾惡水奔騰　清溪成黃河
沖垮了千億治水計畫與神話
漂流木泛舟荖濃溪
漂流木飛上斷橋
漂流木散步街道
漂流木塞滿港口　海岸
族人的美夢與希望也漂流
從山上到海洋不復返
台灣人在無情的兩岸風雨狂流間漂流沉浮

危脆的國土　好像軟豆腐
瞬間崩落滅村
堤防像紙板

橋墩像軟木棒
房屋像積木
驚恐的村民悲痛吶喊
為什麼森林不能捍衛大地
為什麼祖靈不能庇佑族人
為什麼尋聲救苦的神明　上帝聽不見
為什麼救難行動慢半拍
為什麼救難人員蹣跚來遲
為什麼救難直昇機不足

我們不需要拉法葉戰艦
我們不需要幻象戰機
我們的生存空間太小
容納不下千里巡弋的戰艦或戰機
我們不需要
開不進災區的任何先進科技
填不飽饑餓災民的任何虛偽金錢外交
救不了災難的任何政客

看不見父親的父親節
我家門前無小河　後面無山坡
家人已被埋　家園已消失
雨未停　我們的淚已乾
我們不要遷村　社會土石流更可怕
我們不要遷村　政治莫拉克更凶險

我們的根就在山上
我們的祖靈不願意下山　寧願流浪

請給我們真正的樹
從廟堂到山坡
擎天巨木　捍衛國土真正的樹
請給我們健康的土地
沒有仇恨　貪婪撕裂的土地
請給我們有機　無毒的環境
沒有農藥　毒品　心靈污染的環境
請給我們重建明天的藍圖
繁衍傳統文化與子孫
真實的部落地圖

詮釋：

　　第一節做災變前後的對比，在災變前是青山綠水多美麗，我家門前有小河後面有山坡；在災變後是高官豪門依然歡度節日紅酒美食笙歌，而災民倉皇逃命沒吃沒睡也沒性命；這是何其強烈的對比呢，也是偏離了為政之道係為讓老百姓有更美好生活的承諾與古訓了。接著詩人又補了一槍的，慨歎水淹三尺土埋十尺難道那就是美麗的景觀，說穿了只不過是官員口中的假象與謊言。

　　第二節既係寫災難橫行災民的無奈，也在寫 50 年來台灣人政治上的迷茫，無根、無奈的可悲，一切都不在實質上去建設美麗家園，而僅在短視與口號間擺盪，騙取權威與豐厚

俸餉而已。

　　第三節承襲第二節，因政治上的短視與口號，未能有長治久安的打算，未能苦民所苦，未能有同理心的，以至於災難一來就窘相畢露，缺了這個弱了那個的，難道這就是為政之道？

　　第四節說出災民的怨恨與無奈，還有無政府的意念了；而所謂的無政府主義，根據陳玉峰的鄉野調查，確實存在於鄉野之中的，而這種心態和台灣 400 年來的政治流變與 50 年來的流亡心態是脫離不了關係的。。

　　第五節承襲第四節，也在敘述災民的傷悲、無奈、哀嚎與堅持守護著家園，而那是他們歷代祖先篳路藍縷所傳承下來的家園了。

　　第六節是一種呼籲，實踐「土地倫理」的呼籲，人類的環境需要有真正的健康的土地，而大地的文化係在於繁衍傳統文化給與後代的子孫，還有真實的部落的地圖；這裡的傳統文化，真實的部落地圖，指的就是山林文化、與大自然和諧共處的文化，是取所該取不多取的文化，是善待土地萬有，天人合一的文化。

二、賴賢宗〈無言 2009〉

初始之歌
這是對於創世紀的回憶
起於渾沌　維持於天真愛欲
每個臨在　都要經歷成住壞空
生命慾望在壞空之中　痛苦淪喪

僅存的初始之歌
花果飄零　流散大地

冰天雪地
颱風　土石流　洪水　是大地受傷的怒吼
人類的慾望貪婪　錯誤的政策　傲慢的知識
是破壞生態的心靈洪水
土石流　地震　瘟疫
從初民洪水時期　輪迴至今
明天過後　大地在哪裡
這到底是地球之母生產前的震痛
還是祂即將自己放入另一個冰河時期
洗滌自己　封埋人類孽子在祂身上種下的
貪婪自私的罪惡種子

穿越死谷
讓我們以誠摯的愛心
祈求這裡的一方一土　建造諾亞方舟
讓我們拋棄互相指責
運用大愛　人間真情
真誠互助　超越冰河與洪水

冰山崩裂
天地毀滅
人類播在大地母親之中的仇恨種子

在光景之中化滅

交涉向上
剩下來的人們　播種新種
暗夜土泥　地球之母　綻放和平的歡顏
野百合盛開一朵朵的天堂鳥　合掌向天祈禱

空中廻向
三層樓高的土石流　安息著親人的屍骨
向天祈禱　勇者蓮　從污泥中突破生長
綻放晴空　無染的容顏
見證生命的新起點
大地母親蛻變的開端
聖靈的種子　重新點燃希望
讓我們喜悅重生　重新創造

微妙共振
夥伴們　眷戀相依的對對飛鳥
和解　昇華　微妙　共振
希望之光　照明翔空自在的舞蹈姿
地球之母　喜悅重生
天空以愛的光環環抱著
聖母與祂的孩子
沐浴滌蕩於大空

重新創世
孩子們以不同的生命組合　曼妙的舞姿
表現地水火風空的重新創世
智慧的心靈　在新時代之中
人類與大自然和諧共生
幸福生活於新天新地之中

聖言無言
聖言在人間貪婪中　幾度失落了祂的光環
如今　神性的創造　重新洗滌了大地之母身上的榮光
有還有　無自無
我們通過災難現場的真實臨在
投現生命新的光環
創世不已的光環
走向沒有起點也沒有終點的消融
帶領人類走向了光環之中的無
生命在無心之中
充滿神性無言的奧義

　　後記：在莫拉克颱風造成八八水災、土石流等台灣重大
自然災害的此時，光環舞集《無言 2009》的生態舞蹈劇場的
演出，就格外的具有意義了。在環保危機下，政策錯誤，全
球巨變，災害不斷的時候，觀賞《無言 2009》的演出，讓我
們更加珍惜地球的生態環境，體悟「無言」之後的真實創造
力量與希望。九段的每一段的第一句是《無言 2009》演出的

一幕之標題。賢宗寫於 2009 年 8 月 22 日。

　　詮釋：

　　第一節前段寫「初始之歌」，即為創世紀的重現了，是渾沌與天真愛慾的境界；肉體是成住壞空，個體舊有生命的毀滅是新生命的再起，既歌唱生亦歌唱死，一切順乎大自然；而後段則寫出今人對生命的貪婪無度了，對大自然的無情需索了，人類過度的強調自我與物慾，而導致「初始之歌」已然形同花果飄零流散於大地，令人握腕。

　　第二節「冰天雪地」，讀來怵目驚心，令人有無限的震驚、恐懼與絕望。那些大地受傷的怒吼、破壞生態的心靈洪水，到底是地球之母在新生前的陣痛，還是要將自己放入另一個冰河時期去冰凍懺悔呢，而這些都是起自於人類在祂的身上，種下了貪婪自私的罪惡種子，地球之母要洗滌自己更要封存人類。

　　第三節呼籲人類要封存貪婪自私的罪惡種子，而應以誠摯的愛心，去祈求這裡的一方一土所建造而成的諾亞方舟；拋棄互相指責，運用大愛、人間真情、真誠的互助，方可超越人類的冰河與洪水期，而安然的度過。

　　第四節人類的仇恨種子造成了冰山崩裂天地毀滅，而冰山崩裂天地毀滅也幻滅了人類的仇恨種子了，咎由自取的何來倖存?何來仇恨種子的耀武揚威、獨霸武林！

　　第五節冰山崩裂天地毀滅之後，那些視土地為母者留存了下來，那些敬畏天地者留存了下來；而於渾沌又起，又是「初始之歌」開天闢地之時了，地球之母在暗夜泥土裡綻放和平的歡顏了，而野百合盛開出一朵朵的天堂鳥，天地相容，

人類與萬有共有了天地，大地子民合掌向天祈禱著，人人崇尚大自然敬畏天地。

第六節在善待土地萬有，天人合一的文化下，合掌向天祈禱呼喚上帝、佛號，廻向災難中安息著的親人的屍骨；也祈禱那些勇者蓮，那些劫後餘生者，從污泥中突破生長而綻放晴空，仰起那「初始之歌」的無汙染的容顏，見證了生命的新起點，大地母親蛻變的開端，重新點燃了希望，喜悅重生重新的創造了。

第七節聖靈的種子是眷戀相依的對對飛鳥了，萬物是和解昇華微妙共振的；屆時天地是希望之光照明翔空自在的舞蹈姿態，地球之母也喜悅重生了，天空以愛的光環環抱著聖母與祂的孩子們，沐浴滌蕩於大空之中。

第八節「重新創世」，在新世紀裡，孩子們以不同的生命組合，舞出多樣性的曼妙的舞姿，是展現出地水火風空的重新創世了。智慧的心靈是在新時代之中的人類與大自然的和諧共生的，萬有一概幸福的生活於新天新地之中了。

第九節「聖言無言」，若以中國老子學來詮釋，老子提出絕聖棄智、絕仁棄義，要求勿將聖智仁義轉為利己傷人的工具，而真正有「仁義聖智」的君子，絕不只求其表象，而要內化在心性行無痕跡的，而這也是宋明儒學家周敦頤及程灝所提出的「無事」的觀念，則「聖言無言」即指聖賢之教化無須任何的言語，而係內化在心性上，係行無痕跡之教化。此節敘述著：聖哲將教化內化在心性上，行無痕跡的，惟在人間的貪婪無度中幾度的失落了祂的光環，如今神性的創造重新洗滌了大地之母身上的榮光了。那些貪婪、自私、仇恨

本該不存在的，雖偶現仍將會消失的；而天地相容，人類與
萬有共有天地，大地的子民崇尚著大自然敬畏著天地，該一
個道理仍是一個道理。有還有，無自無的，是多樣性的存在，
我們通過災難現場的真實臨場，投現了生命新的光環，那是
創世不已的光環了，走向沒有起點也沒有終點的死生地帶，
帶領人類走向光環之中最真實的無，而生死在無心之中，充
滿了神性無言的奧義境界。

　　讀該詩，可感受到詩作者或是光環舞集《無言 2009》編
劇者對「土地倫理」、佛學及聖經信仰有深刻鑽研。

三、趙迺定〈山林蓊鬱〉

老祖宗留給我們山林蓊鬱
是國土保安大自然屏障
是阻擋沙塵風暴利器
而那個人却貪婪成性濫墾濫伐
栽高山蔬果植檳榔作梯田
土地非永續利用
一副不知死活
沒有明天

濫墾濫伐森林失去家園
忍氣吞聲默默流淚
土地沒了樹蔭樹根的保護
而任日曬任雨淋
在豔陽高照下

暴露成
沙

大地沙漠化
大自然強力反撲
就是風災水災地震肆虐趕來報到
山崩土石流沙塵風暴
走山地層下陷海岸消退
生靈哀號生態系被凌虐
生物資源枯竭
木材消失海洋資源不見

老祖宗嘆息在地人噙著血淚
無助的恐懼無辜的生命
而造孽者已撈飽賺足逃之夭夭
官員尸位素餐終日想著保官位
唯唯諾諾對焦上位唯一門票
蔑良心逢迎拍馬屁卑躬屈膝
上位的愛恨情愁是詣意
不待上令揣摩從行

那個人的世界沒有公理正義
那個人的世界沒有愛沒有關懷沒有同理心
沒心沒肝沒淚沒肺沒膽
那個人不是不會掉淚

等天譴日到來

（2009.08.20）

詮釋：

第一節是今昔境況的強烈對照，老祖宗是敬畏天地的思維，知道森林的重要性兼且要厚愛後代子孫，因此均只「取該取不多取」而把絕大多數的森林遺產留給我們，老祖宗知道那些蓊鬱的山林是國土保安，大自然的屏障，是阻擋沙塵風暴的利器；而今人卻貪婪成性的，心中沒有任何後代子孫的福祉觀念，有的只是眼前的貪婪、浪費與利益糾葛，以至於政府劃地開墾，丟棄社會濟助的包袱，便宜行事。而人民也濫墾濫伐的，栽高山蔬果、植檳榔、作梯田，土地非永續利用，一副不知死活沒有明天的樣子。此節寫今人為了貪婪眼前的經濟利益，而政府無知無能任由濫墾濫伐而沒有像樣的政策，以至於埋下了沒有明天的種籽。

第一節係就人性而言的，而第二節則是就土地而言的。

第二節寫濫墾濫伐森林失去了家園，而森林又不能自己表示任何的意見，只得忍氣吞聲的默默流淚而已。土地沒了樹蔭樹根的保護而任由日曬、任由雨淋的，在豔陽高照之下，就暴露成沙了。

一大堆的土地成沙了，而那就是大地的沙漠化了，沙漠化又會怎樣的呢？所以第三節接著就寫出沙漠化的後果了。沙漠化後，萬物難生，水土無法保持，暴風暴雨地震一來的，就是山崩土石流、沙塵風暴，走山、地層下陷、海岸消退，生靈哀號、生態系被凌虐，生物資源枯竭，木材消失、海洋

資源不見！而這就是地球再造之時，而萬有也跟著人類的貪婪，與人類一起的化為烏有了！

　　第四節寫在天界的老祖宗們嘆息了，老祖宗給了豐厚的遺產，今人却不知珍惜，揮霍殆盡，險境繁生，地球殞滅降落了，逃也逃不掉的；而那些擁抱山林與天地相容的在地人呀，忠告外來者無著的，也只得無辜的噙著血淚、無助的恐懼著，他們都是無辜的生命呀！而造孽者已撈飽賺足逃之天天了，誰還會去管你的死活！大官尸位素餐終日想著保官位，多一事不如少一事的，該做不做的，有反對就下了禁口令撲殺，沒反對就最好了，好官自為之；「天視自我民視，天聽自我民聽」何在呢？。小兵整天想著高人一等的，一如大官權財兩得，頤指氣使的，說的比做的還快；小兵為了升官的大夢，只得唯唯諾諾的對焦上位，而那是唯一的門票了，他們蔑著良心無是非，他們逢迎拍馬屁卑躬屈膝的，上位的愛恨情愁是旨意，不待上令揣摩從行，奴才我來當，狗腿跑腿為你辦事，早早完成功勞一件，不管事情是非不管公私對錯，只要保舉我早早的升官，越快越是好，搭雲梯的，其他的一概不管。

　　第五節依循佛教造業報應說，那些沒公理正義沒愛心沒關懷沒同理心的造孽者的，他們不會有好下場的。以當今氣候變遷，旱災澇災風災融冰化雪，都是數十年或百年所僅見的，也可見大地是會強力反撲的，也可見自有報應的存在的，雖然在短期中有時是無辜者受害的，但當整個的世界毀滅了，難道造孽者尚可獨存！所以奉勸「偉大」的人類呀，請熱愛森林吧，請讓天地保留一片淨土吧，而那將是人類之福，

也是萬有之福。

四、趙迺定〈敬畏大自然〉

慢性殺人人神共憤

四面楚歌自我凌遲總有一天

濫墾濫伐炸山爆岩截堵河川

開腸剖肚人定勝天

把山河凌虐致死的那一天開始

受不了的惡水無情山崩地裂不長眼睛

注定大自然反撲

橋斷路毀土石淹村

大禍臨頭哀鴻遍野哀哀無告

腥風血雨民怨載道

麻木不仁遲鈍無能傲慢加冷血

自言人中龍人中鳳

誰人一沐三握髮一飯三吐哺

誰人三過家門而不入

先稱稱自己幾兩重

不道德沒品味

無聊無恥

老祖宗守則

尊天敬地敬畏大自然

留條生路

與大自然和諧共處

　　　　人類的長治久安永續發展
　　　　祂不是敵人
　　　　祂是人類衣食父母
　　　　祂是共存共榮的好夥伴

　　　　　　　　　　　　　　　（2009.08.21）

詮釋：

　　第一節寫濫墾濫伐、炸山爆岩、截堵河川，把大地開腸剖肚的，人類正自洋洋得意的自以爲是「人定勝天」的操作者。但把山河凌虐致死的那一天開始的，就已注定了大自然會強力的反撲的；大自然的反撲，那就是要走的會加倍的要回來去的，而那就是受不了的惡水無情的肆虐，山崩地裂也不長眼睛的；就是「蝴蝶效應」，就是「地球村」的，管它是造孽者還是無辜者的，管它是男女老幼的，一概罪無可赦。

　　第二節是官民生態的對比了，前段接續著寫出大自然的反撲，就是橋斷、路毀、土石流淹村，老百姓的大禍臨頭，哀鴻遍野，哀哀無告，腥風血雨的，造成了民怨載道；而這種慘狀，就是官僚體系的麻木不仁了、遲鈍無能、傲慢加冷血所導致的後果了。後段寫官員沒有以民爲重心，既無服務之心還想「管理眾人之事」的，而那是不道德的，是沒有品味的，無聊無恥的。

　　第三節回頭來思考老祖宗的守則了，那就是「土地倫理」：要尊天敬地，要敬畏大自然，要留一條生路給與大自然，要和諧共處，而這才是人類的長治久安，永續發展之道。最後也勉勵：「天地不是敵人，天地是人類的衣食父母，也是共存共榮的好夥伴」，以之爲期許。

結　論

　　笠詩刊數十年來向以民主、自由、本土、關懷為基調，然係以政治與社會層面的取向為主架構。此處不是說政治與社會不重要，因為那也是詩人生存的領域現象，與詩人息息相關的，國家的尊嚴與社會的福祉也應是有良心的詩人所應關注的；惟上項仍均屬於人本主義的範疇，就人與大自然的關係來看，詩人對自然生態、土地環境、生命永續、環境永續等的理念仍應多加琢磨的。詩人基於愛鄉、愛土、愛人類、愛地球的情懷所致，以及走在時代尖端，引領國家社會向上，理應對新倫理的「土地倫理」多所闡述的。

　　至於一般國民呢，也應基於仁心善待土地環境，留給後代子孫一片美好的家園。

（2010.02.26／林業研究專刊 94 期 2010.4）

「笠」與土地倫理

倫理來自情感,而後成為理性,再成為倫理。而倫理以往係指人群相對相倚關係的法則了;係基於理性,就人與人間的關係,訂立彼此適當行為的標準。簡單的說,就是人和人的相處、修身、齊家和處世的標準了。

自從工業革命以來,在人類生產技術突飛猛進的改變之下,其駕馭地貌的能力也已膨脹了許多;尤其自 20 世紀以後,那種生產技術革命性的變革,比如機器、生命基因都獲致相當成果,也已改變人類對土地的時空意義了。而也更因之而產生許多弊端與後患,比如地球暖化、雨林消失、土地污染、空氣混濁、土壤酸化等的。李奧帕德逐提出了「土地倫理」的倫理觀點,用以處理人與土地間的倫理關係。

時下的地球即將成為「地球村」了,而「蝴蝶效應」的現象也愈加顯明;人類應如何善待萬有,而找出最佳方案,以期共有這天地,已然是最為重要的議題了。

本文分捌節:壹、談中國「倫理」的定義。兼談儒、道兩家的倫理,以及老莊思想與「土地倫理」的相契合處。貳、先談基督教信仰的土地倫理,此為數千年來西方世界的基調所在;次談李奧帕德的「土地倫理」。叁、談土地倫理的實踐,探討 Rolston 的觀點及其環境倫理的理論核心。肆、談

環境倫理及生態倫理的意義及其差別。伍、台灣「土地倫理」的研究；引述陳健一及陳玉峰的論述。陸、談人本主義的惡果。柒、談笠與土地倫理，並舉數詩以參考之。捌、結論：期待詩人基於愛鄉、愛土、愛人類、愛地球的情懷，以及走在時代尖端，引領國家社會力向上，對人類的新倫理「土地倫理」，應多所闡述；並從根本上去珍惜台灣、愛護地球。

壹、中國「倫理」之意義

一、「倫理」之解說

　　倫理一詞散見於中國古籍，如小戴禮記：「樂者，通倫理者也。」倫理本義，據東漢許慎說文解字稱：「倫字從人侖聲，輩也；理字從玉里聲，治玉也。」鄭註則說：「倫，猶類也：理，猶分也。」林有土據此而稱：「倫之原義乃指萬物類別，自非專指人倫道德的意義，還泛指萬事萬物類屬之別。理之原義乃指治玉，段玉裁註許氏說文說：『玉雖至堅，而治之得其理，以成器不難，謂之理。』剖治璞玉必順其理，故理有分析精微妥適之義。足見理乃仔細辨析萬物類屬間自然存在的條理或法則了。

　　萬事萬物各有不同類屬，此類屬也與彼類屬必有所別，但彼此不講求相互對待之條理，故萬物彼此間只有倫別而不

談理的。到了孟荀以後，才用倫理來指陳人類相倚相待之生活關係。」

　　林有土又說：「現今倫理一詞，乃指人群相對相倚生活關係的法則或道理。倫理乃人類基於理性上的自覺，就人與人各種關係而訂立彼此相互間適當行為的標準。倫理就是人和人相處、修身、齊家和處世標準，也是做人的道理。」

　　由上可知，中國的「倫理」一詞，其「倫」字之原義乃指萬物類別並非專指人倫道德而已，還泛指萬事萬物類屬之別；而「理」之原義，乃辨析萬物類屬間自然存在的條理了。到了孟荀以後，才用倫理來專指人類相倚相待的生活關係；亦即人和人如何的相處、修身、齊家和處世的標準所在。簡單的說，就是「做人的道理」。

　　然以近代思潮觀之，所謂的萬有同源、生物鏈、生命永續、生物永續、生態永續、環境永續，雖無要求也無法要求其他的萬物如何對待人類，然仍須要求人類如何去對待萬有，此係採取「單方面」建立條理，所以仍「理」之。也就是說，中國的「倫理」除原意談及人與人間的做人道理以外，仍應擴展到人與「萬有」的道理，也就是「土地倫理」、「環境倫理」和「生態倫理」的範疇。

二、儒道兩家之倫理

　　華梵大學哲學系杜保瑞在〈儒道兩家倫理議題的知識定位〉認為，中國倫理思想的價值觀，係以儒家為基礎；然道家學派所提出的人生智慧也是針對該議題而來。而且倫理價

值觀與倫理生活的處世智慧是相輔相成的。倫理是人與人間的適當關係，自家庭間的人際關係，進而為人在社會扮演角色的應對，探究出人際互動原則而提出應然之道，即是倫理的重點了。倫理在界定人生意義上，是提出了人在生活上應對所該有的態度，包括人在家庭、社會、機關、國家及國際間的種種人際倫理原則。

又稱，人對人生意義的看法會決定其倫理觀念；而這倫理觀念，又會決定他對整體存在界的看法。有相同世界觀便有較為接近的倫理觀。而正面建立倫理觀是儒家哲學體系，其倫理議題是人際關係的；就儒家而言，人際間的根本價值即在於「為善愛人」的準則，由此而定出了自家庭以至社會、國家、天下的人際原理所在。儒家哲學直接肯定現實社會並欲建立秩序，遂而提出四維八德等的價值觀，而此就是倫理的基本主張，所以儒家哲學可說是倫理哲學。

老子的「重無為」，在表面上是與儒家的「仁義禮知」相衝突的；而其「無為而無不為」，卻也揭露「無為是無私」的境界。實踐者在實踐一切價值的意識上，易生藉之而自私、執著；這是急需化除的不當之處。老子學因之而提出「絕聖棄智」、「絕仁棄義」的要求，勿將聖智仁義，轉為利己傷人的工具，而真正有「仁義聖智」的君子絕不只求表象，而要內化在心性上，是行無痕跡的。因此道家老子學的主張是儒家倫理的輔助，有助於儒家倫理觀的正面實踐。此外老子學所追求的理想世界，依然是此世的現實世界，亦言「取天下」，此與儒家相同。而儒家的「取天下」，在為貞定天下秩序，給與百姓幸福的生活。這是儒家的人生意義：助人為

善，讓人類在生活中建立起體制，追求美好，實現人類生命的崇高價值。

就倫理而言，道家莊子學的「追求與天地精神相往來的逍遙意境」，是捨棄天下人汲汲營營於天下事的倫理價值，而不在於助人為善，但也不傷人。莊子的方向係在對於自己精神生命的追求；而此當然也涉及到人與人間的互動並提出處理原則，如「魚相忘乎江湖，人相忘乎道術」，而所謂的「相忘」是脫離應然之要求。儒家肯定現實世界並欲建立各種形式的社會體制，故而會有人在社會建制中如何扮演角色的倫理主張。老子學雖亦肯定現世，然更重視操作技術，因此提出無私價值以輔助之；至於莊子則不以「現實世界的社會體制」為最高目標，而在於追求其它的事務，這種追求是非倫理性質的，也非反倫理性質的。

倫理涉及人際間價值的追求，與人際無涉者則超越人際價值；莊子的超越人際活動，是他對整體存在界的看法，也是他對天地存在的觀點。莊子認知的天地存在，是氣化流變的，人生於天地中也是不斷變遷的，而人類追求的文明並非最終價值；其最終價值的追求，應該是人類與天地萬物的平等。於此境界，人類文明中的「禮樂教化」便是過度堅持人類為中心。在人與人的相處中，取消了其「目的」中心觀，自然不會在人際事務中製造紛亂，也無須正義良善的維護；因為反人類的動機已不存在，而捍衛生存的任務自也可以撤除。而此時人際間仍可有互動的，只是更無倫理角色的要求了！而倫理角色是為家庭社會體制而訂定的，依據老子的「失道而後德，失德而後仁，失仁而後義，失義而後禮。」人生

的意境已然提高到與天地萬物爲一體，即在人類最純樸的道與德的境界之上，那麼此人不僅將整體自然世界視爲其生存領域，更將整體人類社會視爲己出，著重於提升獨立於天地萬物中之超越精神。

儒家倫理肯定了現實世界，要求建立體制，亦即建立直接應對人際的倫理價值觀，從而成爲倫理觀的主要價值系統所在，也是在世界觀、價值目標和操作上，提出了倫理議題。

道家老子學以其透析人性的私心而提出「無爲無私心」以輔助儒家，那是在主體層面論及倫理的議題。而道家莊子學對整體存在界是更自由、更無拘束的認知了，並且不以社會體制爲人類生存的最終境界，因此而提出超越體制的精神追求目標，卻也不反對體制，可說是在超越境界上提出人際的對待原理爲人類的最終追求價值。

以社會體制的建立維護爲界定倫理的議題，自可針對共同生活的「互助爲善」建立原則。但對生命與天地萬物的存在則另有認知，亦即社會體制並未被肯定爲是生存的終極意義，那麼倫理議題即非最高的價值意義了。此時的價值課題即是超越社會體制後的精神生命的追求了。由此可看出以儒家爲中心的中國倫理價值觀，是肯定現實世界、維護社會體制、建構倫理知識；而這個系統有維護人類共同生活的價值，卻不是不能被超越的。而所謂的「被超越」並非否定，而是以天地萬物爲一體，在已完全不傷害他人以後，而捨棄社會人倫，獨立追求自身更高的精神價值了。

杜保瑞認爲：從莊子的超越人倫的價值觀來察看，是極易看得出來社會人倫中的虛僞不真、自私自利的行徑了。而

這是因為莊子形態的追求者，本身在修養中已完全與天地萬物為一體的了，他們不以私心用智於個人的營私謀利，因此他們更能洞察何謂私利的了。如果老子智慧是直接輔助儒家的仁義價值，那麼莊子智慧更可說是協助認知仁義價值的終極界線及在界線內的無奈、限制與困局，從而能更清醒的助成人倫價值理想的達成，維護人倫的純樸，追求超越的境界。此因莊子學的智慧根本無人類中心的私慾；而因為人無私慾存在，所以人與人間即在最自然純樸的境界相互對待了。

貳、土地倫理之意義

一、基督教信仰的土地倫理

有人認為聖經的重要誡命：就是「愛上帝」和「愛鄰舍」。就是以色列人要成為神聖的民族、公義的國度；也是耶穌呼召所有的門徒過其更豐盛的生活等。以上雖然其焦點不在於自然界，而在於人類的文化上；卻也處處提及到大自然的賜與，可見聖經與大自然也是息息相關的。

此外，「我與你和你們的後裔立約，並與你們這裡的一切活物，就是飛鳥、牲畜、走獸，凡從方舟裡出來的活物立約。」自也把動物包含在聖約裡了，而此即具有大公性與生態層面的範疇。在現今的世代裡，人們如要檢驗是否過著豐盛的生活，就要檢驗有無人類社會整體的福祉存在並發展適

用當地的環境倫理；因爲人類的福祉與其賴以爲生的生態系統，是有非常密切關係存在的。

我們不只要檢視人如何去對待奴隸、婦女、黑人和其他少數民族、殘障人士、兒童或未來的世代；更要檢視人如何對待動物、植物、物種、生態系統以及如何利用地理環境。

聖經信仰與「土地倫理」也是不可分割的。在聖約裡，希伯來人因爲遵守誡命而進入應許之地：「你們要過去得爲業的那地，乃是有山、有谷，雨水滋潤之地。耶和華你神所眷顧的，從歲首到年終，耶和華你神的眼目時常看顧那地。」當公義如水淘淘而下的時候，土地上就會流出奶與蜜，土地必會受到祝福的；但是唯有居住在其中的人民，是按照公義與慈愛來生活的，才能得著這個的祝福了。亦即除非具有社會公義的存在，否則無人能夠與其土地和諧的生存，也不能與其自然資源保持著可持續的關係。而此也爲「土地倫理」思潮勃興之後，有些人如此對聖經信仰的闡述了。

二、柯培德〈土地倫理概念基礎〉論文

該論文提及李奧帕德（Aldo Leopold）在《沙郡年記》裡的敘述，今日的土地就如當年人類被一成不變的、無情的奴役著的樣子一樣的。接著又敘述著：回顧到人類最遙遠的文化根源，在過去三千年來，其道德已緩慢但很穩定的發展了。隨著文明的成長與成熟，越來越多的關係和行爲已落入道德原則的保護範圍。

如果繼續的、持續的發展下去，回顧到過往歷史的演進

與晚近經驗，皆顯示未來世代將譴責我們對於環境的任意且普遍的奴役了，一如我們譴責有些人任意的奴役其他的人類一樣的。因此他倡導說：需要一種「新的倫理」來處理人與土地以及人與土地上生長的動、植物間的倫理觀了。

李奧帕德詮釋倫理時，他使用社區（community）的字眼；他認為每一個人都身處社會環境中，而成為該社區相互依存的一部分。以前倫理的範圍只限於「人類社區」（humman community）而已，只重視人與人和人與社會的關係罷了；但是「環境倫理」，把它擴展到包含到無情世界的草木、山水、動物等的「生物社區」（biotic community）。他說：「一切倫理演變至今，都是基於一個大前提，個人是某個社區相互依存的成員，而他的本能也促使他去積極爭取在此社區中的地位，但他的道德也促使他去合作。而土地倫理（land ethics）則是擴大此社區領域，以包括土壤、水、植物、動物，而通稱為土地。」

西方哲學認為人類的道德根源，是與「理性」有關。在柏拉圖與亞里斯多德的理論裡，理性是道德性的泉源；而在康德（I. Kant），則言理性是良心至上的道德戒律。但簡言之，西方哲學是傾向於人類是理性的生命體，具有道德性；而理性不斷的成熟及持續的闡明道德與正義，在在都說明了李奧帕德所提到的「倫理進程」（the ethical sequence）就是道德發展及道德史的進程了。

理性似是精巧、多變和最近才展現出來的能力；它不能在沒有複雜語言能力的情況下去演化的，而且必須以有高度發展的社會為基礎才會演化出來的。

　　但是我們必須先設定，人類當初在求生存時，其「自由行動」是被限制的，如今我們才能成為社會性生物。我們先具備道德，然後才發展出理性來。達爾文似因該類似想法，才認為道德心是由道德現象所演化而來的。

　　一個世紀前的蘇格蘭哲學家休謨（David Hume）和亞當斯密（Adam Smith）也主張：道德建構於感覺或「情緒」之上，是可藉理性去強化與獲得的。既然情感或情緒在動物界比理性普遍，也就更可能是倫理的起源及演化的起點。

　　達爾文所提出的親代和子代間的情愛，在哺乳類中那是很是普遍的現象，他認為親代和子代間的情愛及其同情心的聯繫，有助於形成小型而緊密的親屬社會。而如果聯繫家庭的情愛，能擴展到較不親密的個體，那麼家族團體就可能擴大了。此外又推論說，如果新擴展的共同體能更成功的保護自己、更有效的供養自己，那麼適合的成員將更增加了。因此有更擴散的家族情感，那也就是達爾文的「社會情操」，就會在全族群中散播了。而此種說法在李奧帕德（Leopold）的〈土地倫理〉裡也被提及到。

　　依據達爾文的用語，道德相對於僅只利他的本能，需要有足夠的「理智能力」的，以充分回想過去和幻想未來的境界，需要足夠的「語言能力」以表達「公眾意見」及社會上可接受和有利的「習慣」行為的型態了。

　　達爾文主張，道德本身仍深植於道德情感或社會情感裡，而且和生理機能一樣的，都是在物競天擇下，尤其是為了下一代社會產物的成功。

　　李奧帕德可說是以原始社會生物學來看倫理現象，因而

可以很詳盡的歸納出達爾文的理論，那就是：既然「相互依存的個體或群體傾向於發展合作的模式，道德自有其根源的，……到目前所有的倫理道德的進化，都只有一個前提，那就是個體是相互依存社區或共同體的成員。」因此可以知道，倫理道德的領域及其確切內容會反映出一個互助的群落或社會的感知接受界（perceived boundaries）與實際的組織或體制。所謂「道德和社會或群落相關」一語，這個原則可用來分析道德的演化史、參與未來的道德發展（包括土地倫理）以及系統化發展出的新興且文化上前所未見的道德倫理，如土地倫理或環境倫理的戒律、規定和禁令了。

又稱，倫理人類學者認為道德共同體的疆界，大致是與社會認同的疆界一起擴張的；也就是說，社會認知的疆界到哪裡，道德共同體的疆界也就會到哪裡。就人類族群部落的生活來看，竭盡所有與人共享為道德，而自私自利的隱遁、擁有財產不與人分享就是罪行、不道德的。

但達爾文曾描述過部落生活其實是野蠻人的現象，他說：「一個野蠻人會犧牲生命去解救同族成員，但對於陌生人卻是完全漠視。」所以部落族群裡的人「在同種族範圍中」是道德典範；但出了族群範圍就成了殺人魔或是虐待狂的人。而後為更有效保護自己不受到敵人攻擊，或為增加人口密度，或為回應生存方式和科技革新或其他的外力，人類社會的範圍已擴展了，且在型式及結構上也已改變了。動植物被飼養、栽種了，獵人、採集者也成為牧人及農夫了；而定居村落也形成了；而貿易、手工藝和工業也繁榮了起來。

歷史告訴我們，時代精神會隨著新舊社會更替，如在西

方社會裡，當那延續好幾百年的農業封建社會逐漸被新興工業社會取代以後，而文藝復興的精神就成爲新時代的精神了。同樣的，對社會的每一個改變也都對應到一個道德的改變。道德群落擴大到與社會的新界線共同存在，至於美德及罪惡、是非、善惡的象徵，也改變到可適應、促進和維持新興社會的經濟及政治組織了。

今天人類面臨到全球化，未來將會有「超級群體」的誕生，而其範圍是全球性的。由於現代運輸和通訊科技的發達，已然造成國際經濟的互賴、國際經濟實體的形成及人口和資本的快速流動了，而那些核武發展、氣候變遷、能源耗竭等已然製造出一個「地球村」的存在，唇齒相依。

但在「地球村」還未完全成形以前，與所謂的民族國家也正處於緊繃之際；到底它最終會形成什麼樣的制度架構，目前是無法預知的。而日本大前研一的《無國界的世界》，其前言也以稅收經濟的觀點來說明：成立一個超政府的架構，把連體經濟區居民的繳稅均分之，而以其三分之一納給連體經濟群以外的國家，三分之一納給連體經濟區內的臨邦，最後的三分之一則歸母國。人民在順序上先當世界公民，再爲社區居民，最後爲國家的國民；而此種觀念也築居在資源共有共享的「世界村」觀念裡；只是仍框架在「人」的範疇而已。惟就後述肆一之〈世界自然憲章〉之訂定及肆二之生態倫理之信念，則已如築居在「土地倫理」當中，亦即把群落範圍擴大到包括土壤、水、動植物，統稱爲大地的境界；而人類對大自然負有道德義務，也應善盡保護維護義務，此亦應爲「世界村」規範之一。

　　時下有很多的知識份子把「不分種族、信念或民族，人類都生而具有基本不可侵犯的權利」的道德戒律掛在嘴上。依據達爾文的演化論，當代人權道德觀（不管是多模糊或不明確）至少也回應了下列的觀念：不管有無制度存在或制度是否明確，人類最終會結合成一個社會、一個群體，這是必然的結果。他又說：隨著人類文明的進步，小族群會融合成大社會的群體，此在告訴人們應將社會的本能及同情心，伸展向同族群的成員，包括同族群的陌生人。如果能達到這種情況，那麼阻礙同情心擴展到所有國家和族群的，就只剩下人為的干擾了；而如能排除該干擾的，則人們就會將其同情心擴展到所有的國家和族群的了。

　　根據李奧帕德理論，這種發展趨勢，勢必超越今天全球人類仍處於不完整當中的道德觀念，而應改以「土地倫理」才能達到其境界。土地倫理就是將目前野蠻民族「群落概念」的道德，發展到人類家庭的地步；而將來的土地倫理就是把群落的範圍，擴大到土壤、水、動植物，而統稱為土地的境界了。

　　土地倫理改變了西方傳統人類的角色，亦即人類從土地的征服者、操縱者一變而為其中成員，此也宣示人類應對其他共同生存的有情界和無情界的成員，均給予應有的尊重。所以李奧帕德說，將土地視為「生物社區」最重要的一份子，是生態學基本觀念，而「認為土地應受到愛惜和尊重，則是道德觀念的擴大了」。就李奧帕德和許多人而言的，整個生態體系，如湖泊、森林或整個大陸都有其自身的整體性和福利，不應受到危害。李奧帕德對環境保育，最大的貢獻在於

對大自然的觀察、研究和熱愛，而提出其有異於西方傳統思想的大自然哲理。李奧帕德將倫理關係分爲三個層次：

第一種爲個人與個人關係：例如仁、義、禮、智、信等的規範。

第二種爲個人與社會關係：金科玉律使個人與社會合一；而民主主義則使社會組織和個人產生了互動。

第三種是人類與環境關係：以前沒有人與土地關係的存在，或對動物和在大地上生長的植物的倫理存在；在對人類而言，土地上的其他種動、植物只是其財產而已，人與土地關係是純經濟性的，人對土地只有權利並無義務。因此吾人必須建立新的「土地倫理」觀。

土地倫理改變了現代人類的角色，人類從土地社區的征服者改變成是一個單純公民角色。過去的人類以爲土地屬於人類而不知珍惜，但若看待土地是人類歸屬的社區，便該懂得用愛惜與尊重去善加利用土地。「當一個事物有助於保護生物共同體（生物群聚或社區）的和諧、穩定和美麗時，它是正確的；反之便是錯誤的。」（參考：3）

總之：李奧帕德的「土地倫理」，是將目前野蠻民族「群落概念」的道德，發展到人類家庭的地步；而將來的「土地倫理」就是把群落範圍擴大到土壤、水、動植物，統稱爲大地的境界裡。人類從土地的征服者、操縱者而變成其成員之一，這也宣示人類應對其他共同生存的有情界和無情界給予尊重。要將土地視爲「生物社區」最重要份子，是生態學的基本觀念並認爲土地應受到愛惜和尊重的，而擴大了其道德觀。

　　李奧帕德在《沙郡年記》所指稱的奴役環境，以 2010
年 3 月報載為例，海洋學家們表示：位於美國加州和夏威夷
間的「大太平洋垃圾帶」，在過去十年間裡，其體積增加了
一倍，而該塑膠垃圾估計高達有一億公噸。這是 60 年來人類
棄置的垃圾被洋流帶來，而目前的面積有兩個德州那麼大；
其中有洗髮精瓶、塑膠玩具、輪胎、塑膠游泳池、拖鞋等無
奇不有的。他們警告說：有些塑膠在陽光下會分解成小粒子，
讓海中充滿有毒物質，而其毒素遲早會進入到食物鏈。還說
大西洋垃圾島也是不遑多讓的；而其他的海岸邊、河流裡或
山上也是如此。

　　此外，那些陸地上的垃圾掩埋場呢？而核廢料呢？而廢
棄毒物呢?這些都在嚴重奴役著環境。

參、土地倫理之實踐

一、人類對生態系的義務

（一）合作與鬥爭

　　生物體原本是要合作以求取生存的；然而現在的生態
系，在表象上卻是適者生存的叢林法則世界。當道德主體的
人類遇到了無關道德的動、植物時，對稱的互惠合作便免談
了；而且如果「譴責」自然生態間物種為生存而鬥爭、掠食
是殘暴的破壞行為，那更是犯了範疇歸類的謬誤了。Rolston

提議到應將所有的生物視為生態系的一部分，而令人讚嘆的是它們結合成為一個整體，而在競爭者間達成生態系的平衡。

雖然萬物均會奮力使自己極大化，然物種自體的擴張在生態系則會受到了遏制，並產生多樣又必然的穩定性。生態系即是以物種間的競爭而呈現動態平衡，當物種間因競爭而產生汰擇的壓力，便使掠奪者與被掠奪者雙方皆有利。所以 Rolston 又指出：生態系是一個令人欽佩的批判機制，它維持著高度的汰擇壓力，豐富了定點的合適度，也發展了各居其所的和諧物種並且具有足夠遏制力量。雖然並非所有生物體的需求都能滿足，但卻仍然能滿足到多數，以使物種能長久的存活下去，是故對此平衡和諧的群落，吾人便負有義務了。

（二）生態系群體與物種個體

就集體而言，生態群落的利益是個體利益的總合，這其中有聯結在一起的複雜生命。倘若說生物體是一種生存單位，那麼生態系又何嘗不是呢？生態系是一個周延、關鍵性的生存單位，沒有它，生物體便無法生存了。

個體的好處與權利（興旺與自由發展），只有放在生態系裡才能提昇的；個體的福祉也會被這個體系的集體創生力量而提昇的。而在此前提下，Rolston 認為當人類進入這個現場時，就應該遵循自然法則。

（三）工具性的，內在的以及系統的價值

過去的人類，總認為自然只是具有對人類有利的「工具性價值」而已，唯有人類才有其「內在性價值」；然而 Rolston

卻認爲每個生物體的生存，其所賴以生存的一切，對他而言都有其「工具性價值」。而任一生命體一方面自我衛護，一方面外求工具以生存，其自體的「內在性價值」及與他體互爲「工具性價值」，這是人類出現前已客觀存在的事實了。所謂「工具性價值」，是利用某種東西作爲達到目的的手段；而「內在性價值」則是毋需涉及其他考慮，本身自有其價值的。

Rolston 說，生態系是一張網罟，其「內在性價值」被編織在「工具性價值」的網絡裡；而生態系是「價值的持有者」。因之引發第三個概念，亦即「系統的價值」。所謂「系統的價值」，不只含攝於個體之內的，更是分散在整個生態系的；不只是部分價值的總合，而其重要性也在於「生產過程」，而其產品是被組合到工具性關係裡的「內在性價值」。又稱「系統的價值」爲「推展投射的自然（projective nature）」；而當人類意識到他們存在於一個生物圈裡，發現到自己也是產物而已，則對這個生物群落裡的美麗、健全與持續就應有所感恩。

（四） 對生態系的義務

人類對個別動植物，應承擔那些生態系內在性價值所在的義務，而對超越生物的物也要承擔的。然雖如此，仍爲不完全的，唯有將義務擺到它們的環境裡去，亦即推出保護、再生、改造生物群落所有成員的生態系統裡，才是整體倫理觀了。

雖然對個體、物種及生態系的義務層次不同；在某些場合對產物的義務會凌駕對產生產物系統的義務，然深層以觀

之，它們仍是一體而不衝突的。（參考 4）

二、環境倫理的理論核心

（一）西方世界生態主義的發展大致環繞在人與自然、人與神間的變動關係，而其歷史階段可分三期。

1.自我中心倫理觀：起於自私基因或自私自利的觀念，其歷史是極淵遠流長的。在 17 世紀以來，追求個人利益、自由主義、自由市場等的，對資源做了最大利用的思潮，就是資本主義的根本主張了，此也是目前世界實質上的主流。而此也迫使資源或土地等自然資源走向私有化了；也淪為弱肉強食、耗竭自然資源之惡果所在。

2.人本中心倫理觀：邊沁（J.Bentham）的功利主義強調著「為最多人做最大的善」、「社會整體利益優先考慮」、「己所不欲勿失於人」等的觀念，其倫理層次較自我中心為高尚一些，且主張以教育來提昇該道德理想。惟人本中心觀，對土地等自然資源，仍視其為商品，只相信人是大自然的監護者，有權力、有能力去經營管理這些土地；因之除將任意奴役天地以外，也以「人定勝天」的觀念去發展高度科技、改造大自然，開發掠奪大地資源、阻斷大地自癒能力，而且也任意的殘害其他的生物與非生物、斷送生物永續與環境永續的思維。而土地上其他的動、植物，只是人的財產而已，人與土地只是純經濟問題，人對土地只有權利而無義務。

3.生態中心倫理觀：係以整體大自然界為中心，是摒除自我中心、人本中心，而肯定了所有的生命體均有其「內在

性價值」，毋需人類去論斷，而強調生態系的完整性就是善。大自然有其整體性，是複雜的網絡、連續的變動、相互的牽連著；肯定其生命的生態系歧異度，其本身就是善。亦即強調生態倫理或環境倫理。

（二）、環境倫理的理論核心所在，在於自然價值的觀念。Rolston 敘述生態系下的人類如何從價值理論，整體檢視自然價值。

1.對「大自然」系統性價值的評價：單獨考量一團泥土，很難證明其內在性價值，然有一把的泥土，就是一個生態系構成的部分；而泥土是部分，土地才是全部。透過部分才能對全部加以觀察並看到整體；所以泥土是系統自然產物，也是過程。

著眼於地球生命的演化並將其眼光拓及宇宙，如此將會發現其豐富而又多產的自然了，那是擁有豐沛能量和創造力並且是在長久演化中創造出生命和心智。但是 Rolston 希望能避免將宇宙的形成與人類中心論，特別是對「宇宙所有事物的安排，均是為了產生人類及服務人類」的主張，去扯上任何關聯；所以又認為這個演化結果，或許還牽涉到某些意外，而且它應有必然如此的發展成果，而這就是自然屬性，是系統潛能，它在創造演化歷史。

Rolston 又指出，面對一個創生萬物的自然（projective nature），人不可能大加讚嘆相關生命而卻對其創造母體不屑一顧的；大自然是有價值的生命源泉，而並非其中的生命方才有價值的。大自然是萬物創造者，為所有價值的根基所在；不管大自然的創造物是生物的還是非生物的，就其為「自然創造性的實現」而言，就有其價值所在的了。所以不要管它們會

否受到痛苦，是否活生生的？而是什麼才該是受到重視的！

　　一個在發展中的「環境倫理學」，會堅信人類在自然中應有更好的作為：那就是要承認自然的完整性，接受大自然創造的作品，並且要有「不對大自然做過當行為」的認知。

　　2.生態系統的價值判斷：Rolston 於此又討論到，在純自然狀態中，存在物的自然價值了。

　　（1）自然的創造性：

　　Rolston 認為自然是一個多元系統，有其創生力量，也有如鬥爭、衰敗與死亡等的後衝力；然整體以觀，它仍然維持著創生的機制。是故價值判斷，是對「自然」的判斷，更是「在自然裡」的判斷，而這是生態的關係，包括主、客體都發生在自然的環境中；也就是評價人也是置身在其中的。評價主、客體看似辨證的關係，其實是生態的關係。而在所有的事件中，其主體及評價對象，都發生在自然的場域中。

　　評價主體，也是從環境進化而來的，其傳達價值的器官和感覺，如身體、感官、大腦、感情、意志等都是大自然的產物。大自然不但創造了體驗的世界，也創造了體驗的主體。而且所有的任何事件都非突然的，也不是自身產生的，萬物都處在進化和過程中演變的。創生與進化是有點隨機性的、偶發與多樣化的，然而那就是進步的發生器了，是價值所在；所以價值並非僅存於我們的心靈裡，也是掌握在大自然的手中。大自然在漫長進化過程中，可以逐步選擇有價值的事件；而這種選擇性，係有利於進化出生態評價行為的。

　　（2）自然的破壞性：

　　在進化的過程裡，少數物種的失敗和大量物種的滅絕雖

是某種退化，但也會引起重新確定進化的方向；真正的秩序，是源自於無秩序的。生態系統，甚至於把鬥爭和死亡當成手段，以創造出更高級的內在價值。

生態系統是由多種成分而組成的完整體系，其中物種的「內在性價值」和「工具性價值」是彼此互換的；是故在大自然表象上的衝突，可理解為是更深一層的相互依賴了。而生態系統的所有事物，都被當做是某種資源來使用的，而環境則被生物當作是營養源與垃圾場了；所以生態系統是有價值系統，而生物與環境是在相互影響著的。

Rolston 又說：地球殺死自己的孩子，這似乎是極大的負面價值；但這是為了孕育更多生命所使然的。在所有的奇蹟當中，這種多產的生殖衝動，最令人驚嘆也最具有價值。

（3）生態系統的倫理學：

在生態系統中存在著某些價值，諸如共同體的完整性、生生不息的創造性和生命的支援性等。而土地倫理就是建立在對此諸種價值的發現了；人類有保護這些價值的義務所在。Rolston 認為這是已在人際倫理討論範圍之外了，而將「倫理學」擴展到人與大自然的對應關係上去了。

Rolston 提醒說：要將人際倫理與生態倫理分開，要理解大自然為一個共同體而非某種商品。在生態倫理上，會要求減少公路建設，以便儘量減少對野生物的不利影響。人類做為「有道德的捕食者」，應站在整體的角度去看待問題，要意識到自己的行為對生態系統負有義務的；也就是不應該去破壞大自然的，諸如應保護那些明顯的荒野、野生動物保護區等。又認為應把倫理擴展到土地，使人獲得更具包容力、

更適應全球生態系統的能力；當然人類的文明發展，有時與土地倫理是有衝突的，那麼這時就該以整體的責任感為原則，比如儘量保護生物共同體的豐富性等。

3.對大自然審美屬性的評價：

（1）大自然的美感屬性：

Rolston認為審美觀是某種由人帶到這個世界的體驗，然仍需區分為審美能力與美感屬性二者，前者是主觀的，是存在於觀察者身上的體驗能力；而後者卻是客觀存在於自然物身上的。大自然即自存「美的屬性」，並且不須依人的主觀投射而具有的；故在某種意義上，甚至於是自然生態系統也有審美力，而能創造美感屬性的事物了。

（2）大自然的醜亦有其在系統上的存在價值：

Rolston認為將觀察視野，擴及到整個的自然進化，那麼對自然界的醜，諸如捕食、鬥爭、死亡、腐敗等的現象，就會有進一步的認識。在表面上，它雖是局部的負面價值，是瞬間的醜陋，但卻有整體系統價值存在的。如無腐爛，那來的更新；如無捕食，就進化不出更高級的生命了。

Rolston認為環境倫理，解放了個體主義和自我中心的短視了，使我們關心到生態系統的大美所在。在自然裡存在著的醜，但在毀滅裡還是存在著把醜轉化為美的力量所在。那些衰老生命的毀滅，導致年輕生命的復興；而無秩序和衰朽則是創造的序曲了，這種永不停息的重新創造便將帶來更高級的美麗了。

（3）超越美麗走向崇高：

Rolston提醒著，審美體驗不是用鏡頭去捕捉的自然美景

（大自然的「美」並非觀察者自我價值的投射），而是把自己遺忘於大自然的創造力裡，並與其融為一體時所獲的體驗。

真正的美是在生態系統裡，其中有創造，也含著過程中短暫過渡的醜陋，諸如腐爛的屍體、畸形生物、燒焦的土地以及被熔岩、土石流所破壞的生態系統。

Rolston 認為，他肯定大自然的美並非盲目的、浪漫主義的自然觀，因為他已將科學研究與自然的全部狀態都涵蓋在內；亦即將自然的醜陋，也考慮在內的。所以他認為這是一種視野最廣闊的現實主義的觀察，而也試圖超越個體主義與人本主義，故而能看到進化的生態系統，是在向生命奔進的過程中表現出崇高之美了。（參考 4）

肆、環境倫理及生態倫理之意義及其差別

在未來生態中心的倫理觀，如以研究學門來看，可分為環境倫理及生態倫理，該二者均是以「土地倫理」為依歸的，而其意義與差異如下述。

一、環境倫理之意義

以前的倫理，侷限於「人類社區」，只重視人與人和人與社會的關係；但在「環境倫理」裡，就把它擴展到無情世界的草木、山水、動物等的「生物社區」了。李奧帕德說過：「一切倫理演變到現在，都是基於一個大前題，那就是個人

是某個社區裡相互依存的成員之一，他的本能促使他爭取在此社區裡的地位，但他的道德也促使他去與社區裡的其他成員合作。而土地倫理就是擴大此社區領域，以包括土壤、水、植物、動物，亦即通稱的土地。」所以土地倫理是環境倫理的視角之一。

　　環境倫理係探討人類對自然環境的關係所在；亦即探討人類對自然環境的所有觀點、態度及其作為。而其基本原則，在〈世界自然憲章〉裡，就訂定如下：1.尊重自然，不損害必須的自然過程。2.不危及地球上所有生命遺傳的活力；其種群水準須具有足以維持其生存的數量。亦即要保護其必要的生態環境。3.對地球上任何的區域，都要遵從保護原則，而對若干珍貴的生態敏感地區更要加以妥善保護。4.生態系統和生物及土地、海洋、大氣資源，都要認真的去管理，並以獲取和維持其最大的持續生產力為原則。5.保證不因戰爭或其他行動，導致自然的退化。

二、生態倫理之意義

　　生態倫理為探討人類與自然生態的關係；係就整體的討論人類與自然生態的倫理關係，並認為自然生態有其自身價值，應受到人類的尊重與道德考慮。

　　而其主要信念如下：1.自然世界具有「內在性價值」，人類不能單純以效益價值去衡量它，而且自然世界有自身利益，人類應給予道德考慮。2. 生態倫理考慮整體的生態系，是包括生物、非生物、生態系和生態過程；而其基礎是生態

的，是研究生物與生物和其環境間的交互作用。生態系為自然世界的組成單位，包括生物與非生物在生態系中生物界的互利互動；而生態倫理則是著重其整體性並非組成的單位。

3.自然有自身的規律，以維護其內部的平衡，人類僅為生態系的成員之一；在自然裡，不論其為物質循環或能量流動，都是為了保持其生命現象的穩定，而人類必須遵循自然規律，否則即會破壞到生態系。

三、環境倫理及生態倫理之差別

環境倫理及生態倫理，均關涉到「土地倫理」的範疇，其差別如前述內涵，而其最大差別在於前者是研究如何不危及地球上所有生命的遺傳活力，而讓種群具有維持生存的數量；亦即要保護其必要的生態環境。而後者則是研究生態系，認為生態系是自然世界的組成單位，包括生物與非生物在生態系中的互利互動行為。因此生態倫理是重視整體生態系並非個體的作為。簡單的說，其差別在於探討對象及其內涵有所不同。

伍、台灣「土地倫理」的研究

一、陳健一〈土地倫理的實踐意向〉

陳健一的〈土地倫理的實踐意向〉說明：土地是一種意

象，是一種生命和土地辨證意象。由該意象的輻軸縱深，正可表彰出土地的處境；尤其對應到當前人類大舉經營土地，干擾土地生命資源的流動時，最具有反省意義。

在 18 世紀以降的工業革命，人類生產技術的改變，駕馭地貌的表現和能力也日益膨脹起來；尤其自 20 世紀中期以來，生產技術屢次有革命性的大變革，比如機器動力技術、生命基因研究等，都獲致了相當大的成果，也改變了人對於土地的時空意義。

而在其間，人們進出土地的生活方式是更加便捷與舒適；同時土地資源也被極度的扭曲，土地生命也被干擾，地貌的生命秩序也呈現混亂現象。而在這種窘境裡，表面上雖並未干擾到人的生活步調，事實上卻已逐漸侵蝕到土地資源的合理發展性並且影響到人的生活，進而使更多的人們感到不舒適，而其健康狀態也受到極大威脅。

這種對人的不舒適、威脅健康，大者如地球暖化、熱帶雨林消失；小者如河川污染、空氣混濁、土壤酸化、農藥肆虐等。基於此就該約束、限制土地的利用，要積極反省人和土地相處之道。又說：在 19 世紀末期，類似生態哲學的對話已逐漸展開，而自 20 世紀 40 年代提出的「土地倫理」，人類對於加諸於土地的深層反省，才有較深入的論述基礎。

一個能省視關懷到土地生命的整體性，意識到動植物和土壤的關係所在，則對各種生命和土地現象的理解和描述，才更能整體的相互關聯到；而由此來詮釋「土地倫理」，人類也才能更整體反省土地和生命關係的特徵和困窘，也才能更深刻省思加諸於土地資源的扭曲作為，並且做出具有整體

和結構意義的實踐策略和作為。

　　李奧帕德的「土地倫理」在 80 年代入台以來；當時台灣的保育正處於初胚期，而其技術性、工具性的意見和操作策略也不斷推陳出新，但卻少有人能意識到深層反省「土地倫理」的重要性，自也忽略其存在。

　　台灣 90 年代中期的保育作為，雖歷經數十年民間和官方的努力，確已引起相當的注意，也吸引到許多有心人的參與。而關於保育，有從工具性、技術性去理解的，並進而開始注意到這些訊息和現象背後深層的意涵所在。

　　同時在天下出版公司有一本譯自李奧帕德《沙郡年紀》的出版，以及生態關懷者協會陳慈美的不斷宣揚該書的理念等。台灣保育界，關心深層意義的保育才被啟動，也如此才意識到土地的深層意義就是「土地倫理」。

　　由於 90 年代「土地倫理」的提示，可知台灣的保育經常偏執於知識切割而已，很少有整體統合及思想性的對話、討論和作為。而「土地倫理」，那些對應於整體自然生態的視野、指陳生命的倫理態度，或許可指點台灣的保育界，提示他們在保育實踐者相關的深層思想基礎建設。可惜該理念自 90 年代以來，雖被積極引介，卻在引介以後即停滯了，而對應的辨證經驗並未展開。是凡社會實踐的理念類型，是有必要在實証經驗的辨證中去形塑實踐的，而不單單是「預設」的理論，更不是「預設」理念後奉為圭臬去執行的。

　　台灣的「土地倫理」在 2001 年，其保育深層意識仍未甦醒；而從其表面的、工具性的、切割式的保育仍是主流所在；在此種實踐裡，形塑出來的將看不到河流污染、生命多樣性、

森林經營背後的病癥所在，也無法去提出具體而正確的保育策略。

　　就整體而言的，「土地倫理」可釐清出台灣的土地和人之間的倫理關係所在，匡正台灣保育界的思維與行事作為，而指引出具有深層的意義、整體生命觀的土地策略；可惜該理念從國外被橫移過來以後，就不再被審視、辨證和討論了，最後仍淪為口號而已，並無實質意義存在。

　　就台灣的「土地倫理」，作為台灣集體文明秩序的指向時，確是該有對應於當代土地條件的；而其架構目前在主流價值的漢人文明裡，更是釐清當代的保育生命和土地經營的主幹。

　　而從集體秩序的倫理面去觀察，300 年來遷台的漢人即以「五倫」所架構的倫理指引社會的基礎關係。當時的社會關係是單純的、人際關係是封閉的，生產技術則偏重於人力而以農為主，所以以家庭為基礎的「五倫」關係，確足以應對規範安頓人的價值。

　　在 19 世紀末的工業技術漸次引介來台，而 20 世紀初以殖民者姿態入台的日本政府，除積極形塑台灣的現代化體質，讓其交通、都市、生產技術的規劃和建設等也開始影響人的生活，而人和人間的關係，也較前為動態、複雜，也較不確定性的。

　　20 世紀中期的國府入台，其工商社會的生活結構，積極的滲透到社會各層面上。人們生活中的倫理關係，除「家庭」以外，還要對應「家庭」以外的他人了；早期封閉在家庭的「五倫」關係，對往來頻繁的人際關係和複雜的工商社會已

無法指引了。

　　而在 80 年代，台灣經濟發展催生者之一的李國鼎，他意識到複雜的工商社會已非傳統「五倫」可予以規範，於是提出了「第六倫」。

　　所謂的「第六倫」，就是要關心「五倫」以外的他人的關係；而此也正說明了，台灣社會條件進程中倫理內涵的轉折和發展了。傳統的「五倫」，無法處理工商社會的人際關係了，所以才有「第六倫」的被提出；同樣的，在工商社會的高度發展之下，使生活環境及土地資源也遭受到很大扭曲，此已非傳統「五倫」乃至於「第六倫」可對應的了。

　　在生活環境、土地資源的更深一層意義，是人和土地的關係。在新生產技術帶來快速的經營及規劃土地資源時，卻未意識到要聯接到土地、生產技術及人之間的長期和諧關係之上，亦即聯接到三者的倫理並未被反省到。也就是在整個生產工具的進步裡，人們並未及時因應「倫理」內涵，而憑以制約及因應新技術所加諸於土地的方式，以致於在新技術和失控的人性裡，扭曲了土地資源。

　　這種窘境，自 70 年代經濟起飛時即已呈現，只是從未被確實檢討到而已；也因此形塑出懷抱著理想的保育人士，卻都被困滯在工具性策略裡，無法更整體性的發揮其影響力量。

　　殊不知台灣的保育及環境的最核心問題是「倫理」；人們只有意識到人和土地的深層困窘，才能去發展策略的，去根本處理保育及環境的困局。也因此，「土地倫理」才被提出來，試圖釐清人和土地的深層關係及反省的基礎。而「重視思想是實踐的種子」；關心台灣環境和生命，就要意識到

其背後的實質意義所在。要用實證思辨去對待，用思想去深化，並且釐清人和土地深層意涵的所在；而這種實踐也才能夠邁向理想成果。而這樣的努力實踐「土地倫理」的背後推力，也預示可以深層的觀看探討，而「土地倫理」思想也可整體的實踐了。

在陳健一〈土地倫理的實踐意向〉，主要是在倡導「土地倫理」，並以實證思辨鑽研「土地倫理」的深層意義所在，有這樣的實踐力，才能夠讓台灣朝向有理想成果的境界邁進。

二、陳玉峰〈土地倫理〉

陳玉峰在其〈土地倫理〉中稱：渠歷經二、三十年草莽鄉野的研究調查，逐步體認到理性思惟與生活情愫交纏的相容或相悖性。

關於台灣天地的環境或生界，對於台灣文化的形塑或其交互作用，渠歸結出來，台灣的土地倫理大致分兩大類在進行著：第一大類為文化人的土地倫理概念，它呈現出文化人或知識分子的思惟精神所在，那是抽象或形而上的意識，是工技理性所附屬的，也是後現代的，對失落田野的懷舊或記憶式的土地倫理觀且揉合諸多外來的知識理念，它只是顯性的台灣文化力量。第二大類為鄉野村民的土地倫理觀了，它直接映照出台灣土地的性格、特徵或本質了，是生活生計的、生命的人地關係及情感的，這是歷來最欠缺文字敘述，也幾乎沒有文化舞台隱形的台灣生命力量。

就草根的土地倫理觀之，簡言之，就是天文、地文、人

文交融後的生活型態了，是台灣歷經五大政權快速流變裡，唯一很沉穩也很少變動的台灣文化了。而那也是在高度的天災地變、國土危脆的無常綱中，在台灣人悲劇的、宿命的、認命的、辛酸的內在意識裡，卻仍常以幽默、積極、無政府主義、陶侃的、樸素的平凡流露出來的。

　　草根的土地倫理觀，是很難化約分析的，因爲它原本就是一個整體，是在生死間搭起的樂章，但從未被生生滅滅的波浪所混淆的。而很奇怪的是，那些文化人卻認其爲「悲情」。

　　如今渠認爲台灣草根的土地倫理觀，就是這片天、就是雲雨、水霧、山、草、樹，是任何野生物以赤腳走在地面上或土地裡的任何生靈的足跡、汗水或遺留的頭蓋骨頭等。它可以是風聲雨聲、鳥叫蟲鳴聲、災民無助的乾嚎聲；也偶而在詩歌俚語、民謠小說等的詠嘆中流露出捉狹幽默、辛酸的宿命了。文化人只有在放下煽情、無知、偏見，放下浮誇不實的堅信、成見、執著，而去用心的體會，才能感悟到這種平凡樸實的內在震撼；而在那時候，也就只有喜悅沒有偉大了，如同在那飛砂走石下，那濁水溪裡灰黑的鐵板砂中，所開展出來的兩片翠綠子葉的希望了。

　　在陳玉峰的〈土地倫理〉當中，主要的是在說明台灣草根的土地倫理觀念，就是天、是雲雨、是水霧、是山草樹木，是野生物或生靈的足跡、是它們的汗水或遺留的頭蓋骨了；而且也是風聲雨聲、鳥叫蟲鳴聲、災民無助的乾嚎聲了。而文化人也只有用心去體會那些台灣草根土地倫理觀，才能感悟到這種平凡的、樸實的、內在的震撼了；而到了那時，文化人就只有喜悅沒有偉大了，如同在飛砂走石之下，在濁水

溪那灰黑鐵板砂中，開展出的兩片翠綠子葉的希望了。而文
化人也才能真正瞭解到台灣土地的需要了。

三、土地倫理的實踐

　　就〈世界自然憲章〉中來看，其中的「尊重自然，不損
害必須的自然過程」，如國土維安、生態區、減少公路建設、
建材採自然的建材、留置土地原有地貌、減少鋼筋水泥和柏
油使用、禁止被保護動物之獵捕、販賣、移轉等均屬之。

　　而「不危及地球上所有的生命遺傳活力；其種群水準，
須具足以維持其生存的數量」，就如保育團體、護溪協會、
護鯨組織、丹頂鶴保護區、企鵝保護區等的作為了。

　　至於「對地球上的任何區域都要遵從保護原則，而對若
干珍貴的生態敏感地區，更要加予保護」，則如濕源保護區、
國家公園保護區、瀕臨絕種動物保護區、水筆仔保護區等的
設置均屬之。

　　而「生態系統和生物及土地、海洋、大氣資源都要認真
的管理，以獲取和維持其最大的持續生產力道。」則如節能
減碳、環保綠能、禁用流刺網、工業產品的輕薄短小化、廢
棄物有毒物清理、發展再生能源等作為均是。

　　至於「保證不因戰爭或其他的行動，導致自然的退化。」
則有如對特有種、原生種動植物的保護了。

　　以上就〈世界自然憲章〉去逐條的舉例，僅係在說明類
此作為與那一種的規定是相吻合的，並不是說就不合於其他
規定的意旨了。

　　最近我到北海道去旅遊，該地面積足有台灣的兩倍大，是佔了日本總面積的 22%。北海道整塊的大地都是火山活動的副產品，有許多的火山湖和火山的地形；而且更有全日本最大的，可以一覽無遺就看得到地平線的釧路濕原。

　　北海道除有獨步全國的自然景觀以外，還有鄂霍次克海沿岸的原生花園、冬季的流冰及黑熊、丹頂鶴等保護動物。而為了保存這片大自然的風光，北海道內共設有六個國立公園，五個國定公園和十二個北海道道立自然公園。

　　北海道當局對自然環境進行了完善的保護管理，所以該地迄今依舊保持著其野生的優美環境，有遍地的原始森林、草原；而其自然的未經開發的原始風光也最為人稱道了。北海道以其原始的風光吸引觀光旅遊的人口，而發展其觀光事業，促進當地的經濟發展；而此種土地利用的選擇，最是為後代子孫之福了，因其對當地土地資源是最少消費，對大自然也最少迫害的。

陸、人本主義的惡果

　　人類的發展向以「人本主義」為主導，並且津津樂道的自豪著；因之就經常以奴役其所賴以為生的天地，也以「人定勝天」的理念去高度的發展科技、改造大自然，過度的開發掠奪土地的資源、阻斷土地的自癒能力，並且任意的殘害其他的生物與非生物、斷送生物永續與環境永續的倫理觀念而不自知。對人類而言，土地上的其他動植物只是其財產而

已，人與土地的關係純粹是經濟問題，人對土地只有權利而無義務。

　　然由於人類過度發展工業，造成了污染；而大肆砍伐森林，增加建地和農耕地，卻戕害了國土保安；又處處以鋼筋、水泥、柏油去阻塞大地的呼吸；整治河川改變水文；又任意的開發礦產造成地殼鬆動；抽取地下水造成地層下陷等的人本作為。這些奴役大地的作為，總其成就是造成地球暖化，南北極冰塊加速溶解，海平面上升，海水倒灌等；也造成氣候大變遷、季節改變、暴雨暴旱、土地沙漠化、颱風颶風頻繁、寒暖流改變、酷寒酷熱肆虐等的變異現象。

　　以 2010 年 3 月，時報公司所出版的《一〇一個即將消失的地方 ── 拯救地球、拯救台灣、拯救孩子》一書來看，根據其所述，如果不能遏阻全球暖化，有許多地方的經濟與生活、生態都將遭受到巨大衝擊，甚至消失殆盡；足見地球暖化對人類命運影響之大。

　　該書並提及 10 個即將消失的地方以增警惕世人。該 10 個地方如下：1.坦尚尼亞的吉力馬扎羅山：那是非洲最高的火山，自 1912 年至 2003 年由於全球暖化的影響，其冰河消失了 80％；而預期至 2020 年將完全消失。2.荷蘭第 2 大城鹿特丹：其一半以上的市區是低於海平面，900 年來一直是仰賴堤壩保護的，惟馬仕朗防風暴大壩到底還能護衛多久？不無疑問。3.斯里蘭卡努瓦納艾利區：其山坡地土壤的加速侵蝕，對斯里蘭卡茶業產生不利衝擊。4.挪威的苔原：衝擊到北極圈地區原住民薩米人的放養馴鹿而衝擊其生活生存。5.印度西部古吉拉特邦：會衝擊世界第 3 位的棉花產業，形

成對其居民身家安全的巨大威脅。6.日本首都東京：在其高樓密集，而「熱島效應」伴隨全球暖化日益嚴重下，原在百年前炎熱的夏夜每年只有 5 晚而已，如今卻已超過了 40 晚，而東京居民的生活也將隨之改變。7.北極：該地的氣溫正迅速升高，夏季的冰層覆蓋區域也逐漸縮小；推測在 10 年內北冰洋將可自由航行；而不到 20 年後的夏季將會全面無冰。全球洋流與大氣循環的大規模改變，海平面加速上升，環境災變將會提前到來。8.美國密西西比河三角洲：該地是重要的生態區和經濟區，在 2005 年卡崔娜颶風侵襲後，紐奧良嚴重受創，其命運也蒙上巨大陰影。9.希臘奧林匹亞遺址：該址內有宙斯神廟、天后赫拉神廟等古蹟，其嚴酷的考驗才剛開始而已。10.格陵蘭的薩肯貝格區域：其特有生物麝牛（Muck Ox）已覓食不易了，其生存將更加的艱困了。

　　其實氣候大變遷固會衝擊到當地所有的生態、非生態與土地，卻也會有些地區得利，有些地方受損或消滅掉。然此種變遷由於是幾世紀以來最大的變動，是在人類經驗裡所僅見的，所以在基本上還是弊大於利；因為所有的生物與非生物，都將重新學習去適應和大遷徙的了。

　　在「人本主義」橫行數千年以後，就宗教、儒家思想、政治等觀點而言，無不視其為本份；而自工業革命以來，對土地的奴役則更甚了，卻也因之暴露其短缺處。而「土地倫理」是一種與天地萬物共生的觀念，是人類與自然和平相處的道德觀，是凌駕人本主義、自由主義與個人主義的主義。它源自於人類對科技極度發展後，因其科技發展伴隨而來的過度汙染災害所做的反省。科技過度發展，促成產品的大量

生產，形成高度消費的社會；而其排放巨量的工業廢棄物，則嚴重的破壞到自然生態，侵害環境，因此影響到人類的正常生活與健康，造成莫大的威脅。由於汙染及損害自然環境的問題接踵而來，所以才有人會去倡導人類與自然共生共存的「土地倫理」、「生物倫理」和「環境倫理」了。

然以往並非沒有「土地倫理」的相關思維，在中國老莊學的「天人合一、敬天畏地、崇尚大自然」就是其一了。莊子認知天地存在是流變的，人生於天地是不斷的變遷於各種的事務中，天地萬物是一切平等的，人類所追求的文明生活的價值並非最終極的價值；而其最終極價值，應該是人類與天地萬物的平等境界了，而於此境界中，人類文明中的「禮樂教化」便顯得是過度堅持人類中心的了。

人與人間的相處，一旦取消「目的」觀，則自然不會在人際的事務中製造紛亂，也無須維護正義良善的了；因為反人類的動機已不存在，而捍衛生存的任務也得予撤除。

此時的人際間依然會有互動，只是無倫理角色的要求而已！倫理角色是為家庭社會體制所設定的原理，依老子的「失道而後德，失德而後仁，失仁而後義，失義而後禮。」人生意境已提高到與天地萬物一體，在人類最純樸的道與德的境界上時，此人自然不僅將整體自然世界視為自己的生存範域而已，更將以整體社會視為己出而不會去傷害它，而其所念所重者，乃在於提升獨立於天地萬物之超越精神了。

柒、笠與土地倫理

在以前並沒有人與土地或人對動植物的倫理觀念；而「土地倫理」則改變了現代人類的角色，人類從土地的征服者，改變成為單純的公民了。人類過去認為土地是屬於人類而不知珍惜，但若看待土地是人類歸屬的社區時，那麼人類便該懂得用愛惜與尊重去善加利用土地了。

當一個事物有助於保護生物共同體的和諧、穩定和美麗時，它是正確的；反之便是錯誤的。尤其是在環境對人有不適，擴大了威脅健康之際，基於防範其戕害，強力約束、限制土地的利用並反省人和土地的相處，以及在近代崛起的思潮下，那些所謂的萬有同源、生物鏈、生命永續、生物永續、生態永續、環境永續等的理念，是這一代人都該去正視了。

由於「土地倫理」是新思維，攸關人類生命及萬有生命，亟需宣導大家去重視，並以群體力量去執行，實證思辨「土地倫理」的真義所在，尋求最佳執行策略，隨時改進，而這樣的實踐才能夠朝著理想的成果去邁進。

笠詩刊向以民主、自由、本土、關懷為基調，在第 273 期並有〈土地之殤 —— 莫拉克災難專輯〉。然該輯共 39 家 54 題，大致上仍停留在「人本主義」的框架。經審視，其中趙天儀〈哀台灣〉、江自得〈就在那一天〉及林鷺〈家園〉略有點到土地倫理的願景或針砭奴役土地之不是，有些土地倫理的思維。至於吳俊賢〈惡水奔騰〉、賴賢宗〈無言 2009〉、

趙迺定《八八洪災有感五首》之〈山林蓊鬱〉及〈敬畏大自然〉等四篇，則為較具積極闡釋「土地倫理」的思想，其相關詩文及詮釋，請見本集〈天然林‧土地倫理與土地倫理詩歌〉一文。

捌、結　論

　　笠詩刊數十年來向以民主、自由、本土、關懷為基調，然係以政治與社會為主架構，對自然生態、土地環境、生命永續、環境永續等理念之創作並不甚豐富。詩人基於愛鄉、愛土、愛人類、愛地球的情懷，以及走在時代尖端，引領國家社會向上，理應對新倫理的「土地倫理」多所關注、闡述；而此等議題更是可長可久之詩業。（2010.02.26）

參考資料：

1、林有土關於倫理之作品。

2、華梵大學哲學系杜保瑞〈儒道兩家倫理議題的知識定位〉。

3、土地倫理的概念基礎／J. Baird Callicott 著／鐘丁茂＊王采嬋譯

4、http://210.60.194.100/life2000/normal_ethic/ethic3/ethic3_11_01.htm）

5、陳健一〈土地倫理的實踐意向〉

6、陳玉峰〈土地倫理〉

7、笠詩刊第 273 期〈土地之殤－莫拉克災難專輯〉

（本文於 2010.05.10 在國立台北大學三峽校區演講‧中國文學系主辦／刊笠詩刊第 280 期 2010.12.15）

「其他」輯

兼容並蓄

　　衡諸人類歷史文化之發展，沒有哪一個「鎖國」能締造出輝煌燦爛的文明的。而所謂的「鎖國」，就是排拒外來文化的傳入與融入，不能注入外來的新血，凡事因循只重堅持舊有傳統而導致文化的僵固化，而這個國家也將不再有文化的進步與發展了；即使「鎖國」政策仍會有微薄的發展，也因其眼界的狹隘，僅在小池塘裡玩刀弄槍而已，其發展性自也將是弱智與遲鈍的的了。

　　中國的唐朝盛世，不僅在於其卓越的軍事武功，更是來自其兼容並蓄，使其文化發展也因之而大放光彩；而所謂的「兼容並蓄」，其實就是多元文化的融入了。

　　不管是任何的事物，都需經過撞擊和挑戰，才能提高其眼界與創新、創造和發明的力量，進而融合擴大其文化力量，而此也才能更趨向於理想世界的境界了。

　　人類的歷史文化是經過無數人與無數的時代，所累積而成的；而「鎖國」就是自外於人類歷史文化進展的洪流，其終將被邊緣化而喪失發言權與影響力的地步的，是淺顯易見的。國民政府敗退來台灣時，為求一統的，其積極的鏟除日本及台灣的文化，固係為政權的穩定著想，然其對台灣文化發展之斲喪也莫此為甚了！而此也導致貪污橫行及髒亂孳生

而為後世者笑，而這也是二二八根源之一的了。其實，所謂
的「兼容並蓄」，就是學習他人的長處與優點，也容忍他人
的歧異度；為政者不思此而妄言鏟除，都將是時代的罪人。
或許有人會說：「時代罪人也是留名天下！」但那種想法是
萬萬不可的了，對來去匆匆的人生，沒能留下好名聲自應婉
惜，至於如為臭名不留也罷了！

　　與中國同文同種的台灣，四百年來相繼的注入外來的文
化，其歷史文化自與中國有所差異的，兼且隔離了數十年而
各自發展著，當然更為陌生的了；茲今兩岸往來趨向密切之
際的，在此呼籲兩岸均能正視對方的存在，拋棄敵對與鄙視，
而能以和諧、容忍、學習相互對待，和平競爭、良性發展，
此為「兼容並蓄」的真諦了，也將是兩岸人民最大的福祉，
而此也將可開創兩岸華人的聖世了。而五都的選舉結果，民
意五五波，藍綠旗鼓相當的，今後雙方都更應以老百姓的福
祉為依歸，以爭取執政權。值此新春伊始，禱之。

　　　（2010.12.09／刊笠詩刊 2011.02 第 281 期「卷前語」）

後　記

　　人的一生，其實都是在「手淫」而已，自己感覺痛快就好了。

　　不要說那些所謂的文學家、藝術家了，他們都是除了手淫以外，還是很自戀的人，所謂的敝帚自珍的人了。

　　而就算那些從公的、做大官的人、或者做大生意的人，不也都是自我感覺良好就心滿意足的了嗎？此自也是一種手淫而已，所謂的豐功偉業、留名青史，我看那就免了。我同樣的，也是如此的。

　　提送這一集的出版，那是在文史哲出版社所出版的第四本集子了；其第一本集子是《森林、節能減碳與土地倫理》（詩集），第二本集子是《賞析詩作評論集》，第三本集子是《賞析詩作評論集(第二集)》，而本集《人生自是有路癡——趙迺定文論集(第一集)》，核屬第四本集子。

趙迺定謹誌　2012.5.27